LETTRES DU OUAQUANDA

Du même auteur
Poids Lourd – 2015
Dérive – 2021

Twitter : @paulfortune1975

ISBN : 979-10-90780-05-7

PAUL FORTUNE

LETTRES DU OUAQUANDA

Voyages étonnés et drôlatiques
d'habitants de l'Ouaquanda
à travers la France

« Je pense qu'un jour, qui n'est pas loin, nous verrons que la Marianne de nos mairies aura le beau visage d'une jeune femme issue de l'immigration. Ce jour-là, enfin, la France aura fait un grand pas en faisant vivre pleinement les valeurs de la République. »

Laurent Fabius, 17 mai 2003

« Si vous ajoutez à cela le bruit et l'odeur, eh bien le travailleur français, il devient fou. »

Jacques Chirac, 19 juin 1991

En guise d'introduction

Au cours de l'hiver 2020 un incendie se déclara dans une chambre d'hôtel du XVIIème arrondissement de Paris. Cet endroit insalubre qui hébergeait des immigrés clandestins brûla intégralement. À la suite des pompiers, policiers et experts d'assurance furent dépêchés sur les lieux pour déterminer l'origine du sinistre. En fouillant dans les décombres ils trouvèrent une malle cadenassée qui n'avait pas été endommagée par l'incendie. Cette malle ne pouvant être rendue à son propriétaire qui avait fui les lieux du sinistre pour une raison inconnue, elle fut ouverte par les enquêteurs qui y trouvèrent un casque de vélo, une paire de lunettes, un exemplaire défraîchi du Notre-Dame de Paris de Victor Hugo et une série de lettres manuscrites. Sans aucun intérêt pour l'enquête, ces divers objets auraient été mis au rebut si une jeune journaliste indépendante présente sur les lieux n'avait pas eu l'idée de les récupérer les missives.

Ce qu'elle y découvrit la stupéfia et elle décida de ne pas les publier car certaines des réflexions qu'on y trouve auraient pu faire le jeu de certains partis politiques et apporter un éclairage peu favorable à la fois aux migrants et au peuple français dans son ensemble. Elle les conserva donc chez elle dans le but de les confier un jour à un éditeur responsable qui saurait en tirer l'essentiel, mais ce jour ne vint jamais. Suite à une querelle, elle se sépara assez brutalement de son compagnon qui, dans son dépit, emporta les lettres. Elles vinrent ainsi à ma connaissance car il était secrètement lecteur de mes précédents livres.

Porté par le seul souci de vérité j'ai entrepris de rendre l'intégralité de ces lettres dont j'ai pensé qu'elles intéresseraient le public par leur poignante actualité tout autant que par l'universalité de la pensée qui s'y déploie.

Il ne fut pas aisé de déchiffrer l'ensemble de ces lettres, dont la plupart avaient été écrites sur du mauvais papier avec d'encore plus mauvais stylos, mais cependant dans un style soutenu qui témoigne d'un niveau d'éducation qu'on ne trouve plus guère de nos jours. Il s'agit de la correspondance entretenue par quatre migrants, dont la figure principale est un dénommé Issa qui semble le plus lettré de tous. Nous pouvons à la lecture de ces lettres suivre tout le parcours de ces damnés de la terre en quête d'un monde meilleur, et le lecteur y trouvera même certaines révélations étonnantes quant à des événements qui ont défrayé la chronique ces dernières années.

Il est difficile de connaître l'identité des auteurs de ces lettres, et plus encore de situer leur pays d'origine, qu'ils nomment Ouaquanda, probablement en vertu d'un dialecte local connu d'eux seuls. Il s'agit sans doute possible d'un pays d'Afrique noire francophone, mais il m'a été impossible d'en savoir plus et on ne peut que se perdre en conjectures sur la localisation exacte de la région d'origine des auteurs de cette lettres, dont nous avons toutefois la certitude qu'ils viennent d'une zone d'Afrique partiellement islamisée. Quelques recherches m'ont cependant mis sur la piste d'un auteur peu connu, le cardinal Desriques, qui s'est aventuré en Afrique dans la seconde moitié du XIXèms siècle et a rapporté son périple dans un petit fascicule intitulé Voyage dans l'Ouakanda – Mœurs et coutumes des peuples vivant dans le bassin du fleuve Ougabouga. *Cet ouvrage est malheureusement introuvable et je n'en ai pris connaissance que par une citation dans la section bibliographique d'un des nombreux livres que j'ai consultés lors de mes recherches.*

Le mystère reste entier et rend ces lettres d'autant plus fascinantes. Elles témoignent à la fois d'un esprit critique affuté et d'une désarmante naïveté face à notre monde européen. Les auteurs de ces lettres sont certes empreints de préjugés liés à leur culture et à leur éducation, et l'expression de certains de ces préjugés pourra parfois choquer le lecteur occidental, mais toutes les réflexions qu'on y trouvent nous incitent à penser nos propres travers. Tour à tour choqués ou amusés, sincères ou roublards, les auteurs de ces lettres amènent un esprit de fraîcheur et une mise en perspective qui nous manque trop souvent, enfermés que nous sommes dans des schémas mentaux stéréotypés qui nous empêchent d'embrasser à la fois toute la beauté et la dureté du monde.

Ces lettres nous amènent la force de l'altérité et nous proposent une méditation sur les différences des multiples cultures qui font du monde l'endroit riche et stimulant qu'il ne devrait jamais cesser d'être. Au carrefour du grand reportage dans la tradition d'Albert Londres et de l'enquête ethnologique dans les pas de Claude Lévi-Strauss et Margaret Mead, ces textes nous font voir la perspicacité et l'humanité profonde de ceux qu'on croit éloignés de nous et qui pourtant nous sont irréductiblement proches.

En rendant de la façon la plus fidèle ces lettres qui nous font entrer dans l'intimité de la pensée et du vécu de ces hommes, j'espère avoir transmis, avec toute la modestie qui s'impose en pareil cas, une part d'humanisme qui nous ramènera, du moins est-ce mon souhait, à la réflexion toujours fondamentale et nécessaire sur ce qu'est l'autre et combien il nous est en définitive semblable. Le lecteur constatera que j'ai pris la liberté ici et là d'agrémenter le texte de notes pour en éclairer les passages les plus allusifs ou les plus obscurs, dans la mesure où cela était possible mais en veillant bien à ne pas me perdre en conjectures.

Merveilleux mélange de prose classique enseignée dans nos écoles d'antan dont l'excellence a survécu dans nos anciennes colonies et de sagesse africaine millénaire, ces lettres nous rappellent en définitive une seule chose, une seule grande et belle chose : en l'autre nous ne devons voir qu'un frère humain au miroir duquel nous est imposé non seulement la nécessité d'une conscience critique mais aussi et surtout l'urgence de tendre une main fraternelle à celui qui, demain, fera partie comme nous de cette immense internationale qu'est le genre humain.

P.F.

Lettre première

De Issa à Mamoudou, sur la route

Cela fait plusieurs jours que je n'ai pu te donner de mes nouvelles depuis mon départ du village. Il m'est arrivé bien des malheurs sur la route, et bien souvent j'ai regretté d'avoir quitté notre beau Ouaquanda. Je me suis demandé plus d'une fois si voir l'Europe valait tant de misère. Maintenant que j'ai touché au but, je puis te narrer toutes ces aventures.

Je veux croire que tu te souviens de nos adieux à la sortie du village, quand je suis monté dans le taxi-brousse, sourire aux lèvres malgré le chagrin de tous vous quitter. Je savais que l'aventure et la fortune m'attendait de l'autre côté, et rien n'était plus exaltant que de découvrir enfin cette Europe dont nous avions tant entendu parler, moi et quelques autres qui tentaient aussi le voyage.

Il était pourtant écrit que nous devions passer par bien des épreuves avant de toucher au but. À la suite d'un long et inconfortable voyage sur les pistes du Ouaquanda, nous sommes arrivés à la frontière où il a fallu attendre un temps infini pour qu'on nous laisse passer, non en raison de nos passeports, que nous n'avions de toute façon pas, mais car les soldats qui gardaient le passage réclamaient plus d'argent qu'il n'était au départ convenu ; cette corruption est un mal dont il semble que nous ne pourrons jamais sortir, surtout si elle est aussi instable que les régimes qui gouvernent nombre de nos pays.

De l'autre côté nous attendait un homme qui devait organiser notre voyage vers la Méditerranée. Il avait une fort mauvaise mine mais il était notre seul espoir. Après avoir à nouveau attendu sous le soleil sans ombre autre que celle de maigres arbres et presque sans eau, alors qu'au fil des heures d'autres candidats au grand voyage nous rejoignaient, venus de maints endroits de la région, nous avons vu arriver un autocar aussi vieux que le monde. Après avoir chacun dûment payé notre billet, et fort cher tu peux m'en croire, à tel point qu'il ne nous restait presque plus rien, nous avons tous embarqué. Une attente interminable s'en est suivie derechef car il fallait que le véhicule déjà bondé accueille encore plus de passagers. Ceux-ci continuaient d'arriver un par un, certains chargés de lourds bagages, d'autres ne possédant rien sinon les vêtements qu'ils avaient sur eux. Finalement, à la nuit déjà bien avancée, l'autocar s'est élancé, ou plutôt s'est péniblement mis en route tant il était chargé d'hommes et de bagages.

Nous avons roulé longtemps, deux jours peut-être, sur des routes toujours plus sèches et poussiéreuses dans une chaleur et une promiscuité que je n'avais jamais connues auparavant. Les rares escales étaient rapides et nous permettaient à peine de nous ravitailler. Au fur et à mesure je pouvais sentir que nous approchions d'étendues désertiques et arides qui étaient bien différentes de la végétation luxuriante de notre Ouaquanda, et que je pressentais hostiles.

Enfin le véhicule s'arrêta en bordure d'une piste pour une raison inconnue, dans un endroit où ne se voyait ni homme, ni bête, ni construction d'aucune sorte. Tout n'était que roc et sable autour de nous, dont émergeaient ici et là de faméliques buissons. Nous avons attendu là sans savoir pourquoi ; le chauffeur de l'autocar paraissait nerveux et refusait de répondre bien que nous le pressâmes de questions. Au bout de quelque temps nous vîmes des véhicules apparaître à l'horizon dans un nuage de poussière, qui vinrent droit sur nous. Il y avait là deux pick-ups qui escortaient un gros camion. Il en sortit des hommes de type arabe aux faciès fort peu avenants, dont certains étaient munis de fusils. De toute évidence ils ne nous voulaient pas de bien, et cela se confirma rapidement. Après un conciliabule avec le chauffeur de l'autocar, ils nous intimèrent l'ordre de nous entasser dans le camion et les récalcitrants furent bien vite calmés à coup de crosse dans les reins. N'ayant nulle part où fuir je dus bien me résoudre à monter moi aussi à bord et à me serrer misérablement avec les autres. Nous vîmes avec tristesse et colère l'autocar faire demi-tour et disparaître au loin. Le chauffeur nous avait livré à ces hommes comme si nous n'étions qu'une vulgaire marchandise.

Bien plus tard, épuisés, nous arrivâmes aux abords d'un de village fait de bâtisses aveugles couleur de sable. Sans ménagement nous fûmes jetés à l'intérieur de l'une d'elles et quand la porte se referma avec un bruit sinistre, il fallut bien que nous nous rendissions à l'évidence : nous étions prisonniers.

Ce ne fut que lamentations et cris pendant un moment, puis la fatigue et la résignation prirent le dessus. Je ne sais combien de jours nous restâmes dans cet endroit maudit où l'on ne nous donnait que rarement à boire et encore moins à manger, et où toute la lumière ne nous venait que d'une sinistre fenêtre grillagée. Incertains de notre sort nous ne pouvions plus compter que sur la providence.

Lettre II

De Issa à Mamoudou, en mer

Il n'était pas écrit que je dusse, comme Jean-Claude[1], rester prisonnier dans cette geôle. Nous avons pu, avec quelques autres malheureux, enfin échapper à nos ravisseurs. Ils voulaient nous vendre sur un marché aux esclaves, et s'ils avaient réussi, c'en était fait de nous et de nos rêves d'Europe. Le bruit circulait depuis quelques jours, et certains d'entre nous avaient disparus. Nos ravisseurs étaient venus les chercher et les avaient emmenés, fers aux pieds, pour une destination inconnue. Ils ne sont pas revenus. Ces Arabes étaient bien méchants et nous traitaient fort mal, nous donnant juste assez de nourriture pour que nous ne dépérissions pas et fussions aptes à être vendus. Ils souhaitaient tirer de nous un bon prix, il ne fallait pas que nous eussions l'air d'être en trop mauvaise santé.

Tu me connais, j'ai toujours été résistant ; j'ai enduré ces vicissitudes avec tout le calme possible, priant Allah chaque jour de me délivrer. L'occasion s'est finalement présentée. L'un d'entre nous avait réussi à desceller la grille qui obstruait la seule et unique fenêtre de notre cachot, et par une nuit sans lune nous nous sommes tous échappés.

Celui de nous qui connaissais le mieux la région était un vigoureux gaillard nommé Omar, nous nous sommes mis à sa remorque. Il nous a guidé, avec l'aide d'Allah, jusqu'à la côte. Nous avons passé trois jours et trois nuits à ne cheminer qu'entre le crépuscule et l'aurore,

---

[1] Il s'agit probablement d'une référence à un personnage comique du folklore ouaquandais dont nous n'avons pu trouver l'origine.

et à nous cacher la journée. Les gens des villages que nous traversions n'étaient guère charitables, et certains nous jetaient des pierres. Nous vivions dans la peur d'être dénoncés et remis à nos geôliers, mais la chance nous a souri et nous avons pu rejoindre le bord de mer.

Il n'a pas été bien difficile de trouver des passeurs pour embarquer. En vérité, ce sont eux qui nous ont trouvé les premiers. Nous n'avions pas belle allure et nous redoutions qu'à nouveau ils ne cherchent qu'à nous vendre comme esclaves, mais ils n'en avaient qu'après nos maigres ressources. J'avais réussi à cacher quelque argent sur moi et je donnais le peu que j'avais encore. Certains n'ont pas eu cette chance et se sont vu forcés de rester pour travailler afin de payer leur passage. Je crois aussi que les passeurs ne souhaitaient pas se faire repérer et qu'il leur était plus pratique de se débarrasser de nous au plus vite.

Nous voilà donc entassés sur une mauvaise barque à près de cinquante dont beaucoup avaient fait un long voyage depuis les forêts et les villages de nos pays. À ma grande surprise le passeur n'est pas monté avec nous. Lui et ses acolytes ont poussé la barque à flot et nous ont intimé l'ordre d'aller tout droit. Que pouvions-nous faire d'autre ? Un Somalien à la méchante figure, mais qui avait l'habitude de naviguer, a pris le moteur en main et nous a emmené vers le large. Au bout de quelques temps, alors que nous pouvions distinguer encore nettement les lumières de la côte, le moteur s'est mis à tousser et le Somalien nous a dit que le carburant venait à manquer.

Imagine mon angoisse et celle des autres. Nous voilà perdus à la dérive, aucun d'entre nous ou presque ne sait nager. Il y eut quelques altercations à bord, et j'avoue que je nous voyais déjà tous périr lamentablement au milieu des eaux. Bien trop chargée, la barque tanguait dangereusement, ce qui ajoutait à notre peur et notre énervement. Un conciliabule se tint et la décision fut prise de jeter à la mer les chrétiens, qui prenaient trop de place et avaient le malheur d'être moins nombreux que nous autres musulmans. Je n'approuvais pas cette méthode mais il était impossible de raisonner les meneurs. Les chrétiens furent promptement jetés par-dessus bord. Certains essayaient de s'accrocher pour remonter dans la barque mais ceux qui étaient restés à bord leur frappaient durement les mains, tant et si bien qu'ils finissaient par lâcher prise. On les voyait s'agiter terriblement, et nombre d'entre eux ne savaient pas nager. Ils disparurent bien vite dans les eaux sombres. Quant à moi, je priai et remerciai Allah de m'avoir fait naître parmi ses disciples car cela sauva ma vie. Pour ces pauvres noyés j'avoue que mon cœur se serrait mais il n'y a rien que j'ai pu faire. Tel était leur destin, si cruel soit-il.

Peu de temps après, alors que nous délibérions à nouveau pour savoir s'il fallait ou non jeter à l'eau les trois seules femmes qui avaient pris place à bord, notre fortune changeât du tout au tout.

Voici qu'apparut un immense bateau, illuminé de toutes parts, qui se dirigeait vers nous et actionnait sa sirène. Cela est le spectacle le plus impressionnant et le plus rassurant que j'aie jamais vu. Cette apparition nous redonna espoir, et tous nous nous mîmes à agiter les bras et à crier, sentant que la fin de nos difficultés était proche. Le navire dépêcha vers nous un canot à moteur qui nous prit en remorque, et quelques minutes plus tard nous étions hissés à bord. La barque que nous avions empruntée fut dûment coulée par l'équipage, qui nous accueillit à bras ouverts.

Ils étaient jeunes pour la plupart, avec des coupes de cheveux extravagantes pour certains, et n'avaient en rien l'air de marins. Ils me rappelaient plutôt ces touristes qui s'étaient un jour aventurés dans le village voisin du nôtre et avaient demandé si nous avions de l'herbe à fumer. En tous points leur apparence était semblable. Ils portaient des pantalons amples et avaient l'œil souriant.

Ils nous ont aussitôt donné des couvertures et de la nourriture chaude. Les femmes ont été particulièrement bien accueillies et ont été séparées de nous. Le croiras-tu ? Le capitaine de ce navire était une femme ! Blonde comme le sont certaines européennes, elle avait un air énergique et une forte poitrine. Elle aussi avait cette coupe de cheveux étrange faite de grosses mèches agglutinées que semblent tant priser les Européens et qui imite notre chevelure africaine naturellement dense[2]. Elle arborait aussi d'étranges dessins sur sa peau et l'on pouvait en observer beaucoup car elle était vêtue d'un short qui laissait voir une belle partie de son anatomie. Cette femme nous a fait un discours de bienvenue et je voyais bien que certains d'entre nous étaient partagés entre la reconnaissance et l'inquiétude de voir une femme en position de commander, chose qui est évidemment contre nature et qui ne peut mener, comme nous l'enseigne la sagesse ancestrale issue d'une expérience séculaire, qu'à des catastrophes[3]. Mais tout à la joie d'avoir été sauvés, nous ne pensions que peu à cela et certains regardaient même avec envie les formes de cette occidentale, pressés de toucher autre chose que la terre promise. Avant de regagner nos quartiers je restai quelques instants sur le pont pour voir disparaître cette terre africaine que j'aime tant mais qui a été aussi le théâtre de bien de malheurs.

---

[2] Il s'agit de ces fameux *dreadlocks* qui sont encore portés par certains Occidentaux malgré la disparition de cette mode à la fin du XXème siècle.

[3] Réflexion qui peut paraître rétrograde au lecteur occidental mais qui témoigne d'une vision patriarcale encore fortement enracinée dans les régions d'origines de nombre de migrants.

Je te conterai la suite bientôt, et les émerveillements seront nombreux.

Lettre III

De Issa à Mamoudou

Nous avons enfin touché terre après un voyage qui, s'il fut court, n'en fût pas moins riche en péripéties. Je t'avais laissé alors que nous venions d'être accueillis sur le navire. Il me semblait que c'était un bateau ordinaire, et que tout marin nous aurait porté secours, mais je ne tardais pas à comprendre que ce bateau nous était tout dédié, à nous pauvres hères.

Ces gens affrètent des navires tout spécialement pour nous venir en aide et ne manquent jamais de nous trouver, nous qui dérivons sur la mer. À croire que tout cela est organisé, tant les opérations se passent si parfaitement une fois que le canot plein des nôtres a été repéré. Je t'ai déjà conté notre sauvetage, il me reste à t'instruire du voyage.

Nous étions logés de façon décente, ce qui après notre expérience en Libye nous paraissait le comble du luxe. Tout l'équipage nous traitait fort bien et nous offrait nourriture et boisson en quantité. Ils avaient des sourires en permanence et se montraient doux et avenants. Rien ne nous était refusé. Ils ne cessaient de nous dire que nous étions enfin sauvés et que l'Europe nous attendait. Cependant, je notais que nous n'avions que peu de contacts avec eux, qui se barricadaient dans leurs quartiers dès la nuit venue. Ils nous parlaient toujours avec bienveillance mais refusaient de se faire approcher de trop près, sinon lors des distributions quotidiennes de nourriture.

Un après-midi, alors que nous paressions sur le pont au soleil et que la mer était bonne, je décidai d'aller à la rencontre de ces gens et d'explorer un peu plus avant ce navire dont je n'avais vu que les cales et le pont supérieur. Je m'aventurai donc dans une coursive et poussai une porte. Il y avait là dans une petite pièce, réunis autour d'une table, quatre de ces étranges marins. Dès qu'ils me virent, il se levèrent d'un bond et vinrent me parler, toujours avec cet air sympathique dont ils ne se départaient jamais, afin de m'expliquer qu'il fallait que je fasse demi-tour. J'aurais bien voulu m'asseoir avec eux pour mieux les connaître et apprendre leurs usages, mais ils ne semblaient pas vouloir que cela se passât ainsi. Je retournai parmi les nôtres avec un peu de chagrin, tu peux l'imaginer, de ne pas avoir trouvé chez ces frères humains l'amitié que je croyais qu'ils me portaient. Mais quoi, tout est ainsi que cela doit être selon la volonté d'Allah, loué soit Son nom, et j'étais encore bien heureux de pouvoir voguer vers l'Europe et de manger à ma faim.

Je dois maintenant te conter un fâcheux incident qui eut lieu pendant la traversé. Lorsque la nuit fut tombée, trois d'entre nous, de bien méchants personnages dont la figure m'avait déplu dès le premier moment, en profitèrent pour s'introduire dans une cabine où étaient logées les quelques femmes de notre compagnie. Nous fûmes réveillés par force cris et hurlements : les femmes affirmaient avoir été abusées par les trois voyous. Les ladres juraient par tous les esprits qu'ils étaient innocents mais les femmes criaient de plus belle, enhardies par la présence de l'équipage.

Voici que la femme qui commandait le bateau fut obligée d'intervenir, car sur la mer c'est le capitaine qui a toute autorité. Voir une femme commander et rendre ainsi la justice paraissait à nombre d'entre nous une aberration. Toute l'affaire lui fut exposée, et la situation, pardonne mon jeu de mot, était houleuse. Certains refusèrent l'arbitrage de cette femme et prirent le parti des violeurs ; je crois bien que tout l'équipage se sentit pendant un moment en difficulté. Après avoir entendu les parties, elle se retira pour délibérer avec ses lieutenants. Les femmes furent mises en sécurité et quelques temps après justice fut rendue. Il fut décidé que l'on ne remettrait pas les violeurs aux autorités, car cela pourrait faire tort à tous, rescapés comme équipage, et même à tout notre peuple qui souhaite tant atteindre l'Europe. Ils furent uniquement mis à l'écart jusqu'à ce que nous soyons en vue des côtes.

J'avoue que cette situation me laissa une impression étrange. Je me sentais plutôt aise que l'on cherche à protéger la réputation de nous autres, qui sommes gens honnêtes, mais il me semblait ridicule de ne point punir les criminels. Si cela avait été de mon ressort je les aurais fait jeter par-dessus bord sans autre forme de procès ; je sais qu'au village la clémence pour ces voyous n'aurait pas été de mise. Mais que veux-tu, il semble que ces gens tiennent plus à leur réputation qu'à leur honneur[4] et je n'étais pas en position de leur faire la leçon, d'autant plus que la terre approchait et que nous allions débarquer.

Tout n'était que côte sombre faite de montagnes ; je n'avais jamais rien vu de pareil et je me demandais même comment nous allions pouvoir débarquer. La réponse n'allait pas tarder à venir, ce que je te conterai dans une prochaine lettre.

La paix d'Allah soit sur toi.

---

[4] Quels sont les liens de l'honneur à la réputation ? Il y a là un véritable sujet d'interrogation philosophique.

Lettre IV

De Mamoudou à Issa, au village

Je suis bien aise de recevoir de tes nouvelles. Ici au village nous commencions à nous inquiéter et tous craignaient que ton aventure n'ait tournée court. Certains te croyaient déjà mort et pensaient ne jamais te revoir. Cette tristesse était d'autant plus grande que, comme tu le sais, nous comptons sur toi pour nous envoyer de l'argent dès que tu auras fait fortune en Europe.

Quant à moi, j'ai toujours cru que tu réussirais. Sois bien fort et n'oublie pas de nous envoyer de l'argent.

Lettre V

De Issa à Mamoudou, en Italie.

Je suis enfin en Europe ! Nous avons touché le sol de l'Italie il y a peu de jours. Le bateau charitable nous a débarqué sur un coin de terre qui semblait nous attendre. En vérité, les adieux avec nos sauveurs ont été un peu secs. Point de larmes ou d'effusions : ils nous ont débarqué sur un quai et le bateau est parti aussi vite qu'il était arrivé. Je t'avoue que mes sentiments étaient mêlés ; j'étais tout à la joie d'arriver enfin au terme de mon périple mais aussi inquiet de me voir laissé seul sur une terre inconnue.

Seul est un bien grand mot puisque nous étions presque une centaine d'Africains venus de tous les pays de notre beau continent à être rassemblés sur ce quai. La police nous y attendait d'ailleurs, et pendant un moment nous avons eu peur d'être jetés en prison ou pire, remis sur un bateau qui nous aurait renvoyé en Afrique. Il n'en a rien été. Les policiers nous ont poussés vers des autocars qui nous attendaient là et au terme d'un court voyage nous sommes arrivés dans ce qu'ils appellent un camp.

C'est un endroit tout entouré de grillage dans lequel se dresse de nombreuses baraques dont la plupart étaient déjà occupées. Je t'avoue que l'ensemble me faisait l'effet d'une prison et je me voyais déjà enfermé dans ce lieu jusqu'à la fin de mes jours. Il y a là des hommes venus de tous les pays d'Afrique et de bien d'autres endroits encore, dont chacun à son arrivée est regroupé avec ses semblables. J'ai vite été dirigé dans le bâtiment qui était destiné aux gens de notre pays. Il y avait là beaucoup de jeunes hommes de chez nous qui s'étaient organisés et j'ai pu bénéficier de leur accueil. Ils m'ont laissé une place dans un vaste dortoir et j'ai pu enfin me reposer après les périls du voyage.

Mes nouveaux compagnons m'ont bien vite expliqué comment les choses fonctionnaient ici. Il y a, le croiras-tu, une distribution quotidienne de nourriture pour nous autres sans qu'il ne faille rien payer. Certes, l'endroit ressemble à une prison, mais au moins on y a l'assurance de n'y pas mourir de faim même si, au dire de mes compagnons, la nourriture n'y a pas la saveur épicée de celle que l'on trouve chez nous. Ils m'ont mis en garde contre les méchantes nationalités qu'on trouve partout dans le camp. Il faut paraît-il se méfier des Nigérians et des Afghans, et plus encore des Irakiens. Il arrive que beaucoup de ceux qui se disent Syriens fuyant la guerre soit en vérité des menteurs et des dissimulateurs. Je n'en ai guère rencontré mais le seul Syrien fuyant la guerre que j'ai vu jusqu'ici me semblait venir d'un pays proche de chez nous tant son physique était similaire à celui de nos voisins immédiats de la République Démocratique du Ouaquanda de l'Est. Je ne savais pas qu'il y avait des

Africains en Syrie, et je vois bien qu'il y a beaucoup de choses étranges à découvrir dans ce nouveau monde.

Il est important de faire une demande officielle pour pouvoir être admis en Europe. Une fois par semaine viennent au camp des gens très affairés qui nous donnent des papiers à remplir pour demander l'asile. Un ancien du camp m'a enseigné les subtilités de la démarche. Il est très important d'expliquer que la contrée d'où nous venons est sujette à des guerres et fort dangereuse, sinon la demande pourrait ne pas aboutir. Certains m'ont conseillé de me faire Syrien pour l'occasion. J'ai hésité un certain temps, car je ne me souviens pas qu'il y ait eu de guerre dans notre beau pays, et je me suis finalement rendu à cet argument. Me voilà donc Syrien et fuyant la guerre. Je ne suis pas très fier de ce mensonge, mais il faut bien trouver une issue.

Lettre VI

De Mamoudou à Issa, au village

Hier au village sont arrivées des personnes semblables à celle que tu décrivais lorsque tu nous parlais de ta traversée en bateau. Des Blancs bien en chair, surtout des femmes d'ailleurs, sont venus nous visiter. Nous avons tous cru qu'il s'agissait de touristes égarés mais ces personnes nous ont vite détrompé : elles étaient là pour nous aider.

Je ne savais pas que nous avions besoin d'aide, et j'ignore encore ce qu'elles pourront faire pour nous, mais nous les avons accueillies chaleureusement, comme c'est notre coutume, et installées dans les meilleures cases.

Il n'y a qu'un seul homme dans tout ce groupe, et de fort mauvaise complexion. Il est maigre et pâle, et quant à son visage on croirait presque celui d'une femme si ce n'était pour quelques poils qui lui poussent au menton en guise de barbe. Toutes les autres sont des femmes, certaines jeunes, d'autre beaucoup moins, mais toutes semblent très bien nourries. J'espère que nous aurons de quoi satisfaire leur appétit, qui semble grand.

Lettre VII

De Issa à Mamoudou, en Italie

Ce camp italien est à l'usage un endroit que je n'apprécie guère. Nous n'avons rien à y faire et nous ne savons pas même ce que nous attendons. Je commence à comprendre le mécontentement de certains qui vont jusqu'à jeter la nourriture que l'on nous offre. Quant à moi, j'estime qu'il ne faut pas refuser ce qu'on nous donne même si ces plats ne sont guère à mon goût. Cependant je me demande comment tout cela va finir. Je ne suis pas venu en Europe pour y être prisonnier.

J'ai remarqué que ceux qui viennent nous distribuer de la nourriture nous manifestent une forme d'amitié, mais parfois, lorsque je regarde au-delà des grilles du camp, je vois passer des gens qui semblent agacés ou même apeurés de notre présence. Je comprends aussi leur ressentiment. Je crois que je ne serais pas tranquille si j'étais à leur place, car je vois bien qu'il y a beaucoup de mauvaises gens parmi nous. Pourtant j'aimerais pouvoir leur expliquer que je ne suis pas là pour leur faire du mal ; bien au contraire que j'espère travailler et devenir un bon citoyen de l'Europe.

J'ai rencontré un jeune compatriote prénommé Ousmane. Il est très dynamique et fait montre d'une grande intelligence. Pour lui la cause est entendue : il nous faut absolument fuir cet endroit, coûte que coûte, car nous pouvons y rester indéfiniment si nous attendons que les autorités italiennes finissent par juger de notre sort. Ousmane a un plan : il a trouvé un moyen de s'échapper et me propose de profiter de l'occasion.

J'ai longuement réfléchi. Assurément, je ne goûte guère d'être dans l'illégalité et je souhaiterais de tout cœur pouvoir rester honnête face à ces Européens, mais tout bien pesé je ne peux rester plus longtemps dans cet endroit pénible. J'ai donc décidé d'accepter sa proposition et nous avons pu la mettre à exécution bien plus rapidement que ce que j'imaginais.

Lettre VIII

De Issa à Mamoudou, en France

Tout a été si vite depuis la dernière fois que je t'ai écrit que je n'ai pas vu passer le temps. Il m'est arrivé un grand nombre d'aventures qu'il faut absolument que je te conte.

Avec le jeune Ousmane nous préparions depuis quelques jours notre évasion. Les événements sont venus nous prêter main-forte au-delà de tous nos espoirs. Quelque part dans le camp, une poignée de réfugiés – certains disent qu'il s'agissait des Afghans, qui ont la réputation d'être gens querelleurs, d'autres blâment les Somaliens ou encore les Irakiens, je ne sais ce qu'il faut en penser – s'est mis en tête de faire une émeute au prétexte que la nourriture de ne leur plaisait pas et que les habits qu'on leur avait fournis n'étaient pas de marque. Tout cela me paraissait excessif mais il faut reconnaître que nous aurions bien meilleure allure si on nous fournissait des vêtements aux griffes prestigieuses. Le mécontentement est monté soudainement. Un groupe a mis le feu aux bâtiments dans lesquels nous étions hébergés pour bien marquer sa colère. Rapidement tout autour de nous est devenu un vaste chaos. Une brèche a été ouverte dans la clôture et nombre d'entre nous se sont précipités au dehors pour se répandre dans la campagne environnante afin d'échapper à la police qui arrivait par la route.

Nous nous sommes presque aussitôt trouvés dans une oliveraie d'où toute retraite nous était coupée. Les émeutiers ont alors entrepris de détruire les arbres qui pourtant ne leur avaient rien fait et, pour un temps au moins, auraient pu nous offrir une protection. Ce n'est pas sans émotion que je repense à ce triste spectacle d'hommes acharnés à ravager ces cultures et déraciner ces oliviers. J'ai pensé au labeur de ceux qui avaient peiné peut-être des générations durant pour soigner ces oliviers et dont le travail a été réduit à rien en quelques heures[5].

Cependant je ne me suis pas attardé à ces réflexions. Il nous fallait trouver prestement une issue. Ousmane a eu une idée : nous sommes retournés dans le camp qui était toujours la proie des flammes, à l'intérieur duquel la police, trop occupée à pourchasser les émeutiers à travers la campagne, ne pouvait encore intervenir. Seuls les pompiers et les bénévoles qui s'occupent quotidiennement du camp étaient à pied d'œuvre pour lutter contre le feu. Il nous a suffi de marcher tranquillement et de franchir les portes grandes ouvertes pour nous trouver sur la route, libres d'aller où nous le souhaitions. Quelques heures plus tard nous étions loin de cet endroit, mais pas au bout de nos peines ni de nos surprises.

---

[5] Au sujet des ravages comme pratique de guerre le lecteur consultera avec profit *La guerre du Péloponnèse* de Thucydide.

Voilà un groupe d'Européens qui s'approche de nous. Pendant un instant, nous nous somme crus repris et nous nous imaginions déjà revenus à notre point de départ. Mais ces gens se font connaître : ce sont des bénévoles qui souhaitent nous aider. Ils ont su à notre apparence que nous étions ce qu'ils appellent des « migrants », terme étonnant qui suppose que nous serions voués à une errance perpétuelle, laquelle constituerait notre nature. Cette qualification me semble difficile à accepter car tous nous ne cherchons rien tant qu'à nous installer en Occident et justement à mettre fin à ce mouvement qui nous pousse et ne saurait, dans notre esprit, être que transitoire.

J'ai nié le fait en présentant le document qui dit que je suis Syrien. L'un d'eux l'a regardé et me l'a rendu en riant ; il s'est empressé d'ajouter qu'il fallait absolument que je garde ce document car aucune autorité du continent ne pourrait plus nier que je sois réellement un Syrien fuyant la guerre dès que je présenterais ce précieux sésame. Puis ces gens nous ont dit qu'ils étaient avec nous et qu'ils allaient nous aider à rejoindre la France, où nous pourrions assurément faire fortune – ou encore passer vers l'Angleterre, comme cela était le projet de nombre de ceux que j'ai rencontrés. Quant à moi, mon but n'a jamais été autre que de voir Paris, qu'on dit la plus belle ville du monde. J'en ai maintes fois rêvé en lisant les œuvres de Victor Hugo, qui est assurément le plus grand écrivain de France et peut-être du monde[6]. J'espère d'ailleurs que tu as pu conserver mes livres au village, car c'est ce à quoi je tiens le plus, c'est la seule richesse que j'ai laissée derrière moi. Voir enfin Notre-Dame serait pour moi une joie

---

[6] Évidente erreur, le plus grand écrivain du monde est Balzac.

presque aussi grande que de faire le pèlerinage à la Mecque, dont tu sais qu'il s'impose à tout bon musulman.

Ousmane ne se soucie peu de pèlerinage ou de lettres, il ne pense qu'à l'Angleterre et semble prêt à tout pour y arriver. Il a donc accueilli la proposition de ces Européens avec enthousiasme. Je ne l'avais jamais vu se comporter de telle façon auparavant. Lui qui est d'ordinaire si énergique et dont le regard est dur et décidé, voilà qu'il affichait une mine contrite et apeurée, racontant combien il avait été malheureux dans ce camp d'où nous venions, combien la population avait été hostile – il narrait même un épisode, avec un talent de conteur indéniable, durant lequel des villageois du cru étaient venus nous jeter des pierres et nous traiter de tous les noms – puis il enchaînait sur le chemin plein d'embûches qu'il avait parcouru depuis l'Afrique, Afrique qu'il décrivait alors comme un lieu de violence et de pauvreté inimaginable.

Je ne savais que penser de ces histoires, mais l'épisode des locaux nous jetant des pierres étaient assurément faux, j'aurais pu en témoigner. Cependant Ousmane continuait son récit et je voyais que les faces des bénévoles devenaient graves et concernées ; il perlait même une petite larme aux yeux de certains.

À la suite de ce discours émouvant d'Ousmane, ils nous assurèrent une fois de plus de leur complet soutien. Peu de temps après, nous étions à bord d'un minibus dans lequel avaient pris place d'autres réfugiés qui, tout comme nous, avaient fui le camp et avaient été retrouvés pas nos bienfaiteurs. Nous étions entassés dans ce véhicule qui allait bon train vers notre prochaine étape quand j'osais enfin demander à Ousmane pourquoi il avait tant modifié le récit de nos aventures. Il avait repris l'air habituel que je lui connaissais et me répondit avec un sourire rusé que ces idiots n'attendaient pas autre chose de nous que ce genre de fantaisie propre à apitoyer les cœurs sensibles, et qu'il comptait bien suivre cette politique pour se tirer d'affaire à chaque fois qu'il le faudrait. Quand je lui objectai que tout cela était mentir, il me répondit que j'avais moi-même un document prouvant avec certitude que j'étais Syrien. Je ne sus quoi lui répondre ; je me fis la réflexion qu'il avait au fond raison : chacun doit trouver le meilleur moyen de se tirer d'affaire, même au prix de quelques accommodements avec la vérité. Voyant mon air contrit, Ousmane conclut en me disant que ces bénévoles eux-mêmes n'étaient pas dupes, puisque l'un d'entre eux avait trouvé fort drôle que je me fasse passer pour un Syrien.

Cette remarque me plongea dans une sorte de tristesse. Le mensonge était la vraie loi de ce nouveau monde et il allait être nécessaire si je voulais survivre et mener à bien mon entreprise. Cela m'était d'autant plus odieux que, comme tu le sais, j'ai toujours été attaché à la vérité, qui est la marque des cœurs purs. Le juste ne craint pas la vérité. J'ai peur de devenir injuste au contact de ce monde occidental.

Lettre IX

De Mamoudou à Issa, au village

Depuis l'arrivée de ces grosses femmes blanches dans notre village, plus rien ne va. Elles se sont mises en tête d'apprendre à nos femmes nombre de choses qui les rendent indociles et querelleuses. Elles veulent également nous faire travailler beaucoup plus et d'une façon fort différente que celle dont nous avons l'habitude afin de construire des écoles et de creuser des puits, sans se soucier le moins du monde de la façon dont nous avons toujours fait. Il en sort que nous les apprécions de moins en moins, et nous en viendrions presque à souhaiter leur départ si elles ne dépensaient pas de l'argent chez nous, ce qui est toujours bienvenu. Le plus gros problème est leur appétit vorace. Ces femmes mangent beaucoup trop et ne semblent avoir aucune idée de ce qu'est la prévoyance. Si j'en juge par leur embonpoint, leur pays d'origine ne doit pas connaître la disette, bien au contraire, et une abondance excessive leur aura fait oublier que l'homme a des millénaires durant évolué dans un milieu aux ressources rares et difficiles d'accès. Quel contraste avec l'allure svelte de nous autres, qui sommes actifs du jour au matin et connaissons la valeur d'une alimentation frugale !

La pire de leurs habitudes est de se prendre systématiquement en photo avec chacun d'entre nous. Il ne se passe pas une journée sans que l'une d'elles n'insiste pour un cliché. Elles aiment tout particulièrement être photographiées au milieu des enfants du village.

Il en est une qui semble apprécier ma compagnie : je pense bien être l'homme qui a été le plus pris en photo de tout le village, toujours avec elle. Elle aime passer ses bras autour de ma taille ou de mes épaules ; je ne te cache pas que cela soulève en moi une certaine répulsion mais pour l'instant je serais bien idiot de la repousser : elle me parle souvent de la France, de sa région d'origine qu'elle appelle « Bretagne » et me conte les merveilles de ce pays.

Je commence à avoir une idée pour tirer parti de la venue de ces femmes.

Lettre X

De Issa à Mamoudou, en France

La dernière fois que je t'ai écrit, j'en étais resté à notre voyage en direction de la terre promise : la France. Le trajet a été long et inconfortable, mais au bout d'une journée entière nous avons touché au but.

Le minibus à bord duquel nous avions pris place s'est arrêté et nous sommes descendus pour découvrir un paysage de montagnes comme il n'en existe pas chez nous. L'air était particulièrement frais. Il nous semblait être arrivé au bout du monde, comme si au fond de cette vallée plus aucune route ne pouvait nous mener où que ce fut. Tout autour de nous n'était que pentes abruptes et cailloux, je me demandais comment nous allions pouvoir aller plus loin.

Ma stupeur a été de courte durée. Au bout de quelques instants deux hommes se sont approchés et, après un rapide conciliabule avec ceux qui nous avaient si obligeamment conduit jusqu'ici, nous ont invités à les suivre. Je jurerais que ceux qui nous ont amenés leur ont donné de l'argent, mais je ne puis en être certain car ils se sont arrangés pour nous tenir à l'écart des négociations. Tout cela avait l'air parfaitement rôdé, et quelques minutes plus tard nous étions déjà en route à travers la montagne.

Le chemin était difficile et escarpé, il faisait froid. Nos guides nous menaient par des sentiers qui évitaient la route principale, et bientôt nous nous retrouvâmes à une altitude certaine. Je t'avoue que l'épreuve était rude, surtout pour nous autres Africains habitués à la savane et au soleil. Ousmane peinait malgré sa jeunesse et j'ai dû plusieurs fois le soutenir. Les quelques Afghans de notre groupe progressaient vite et il m'a semblé par moment qu'ils nous auraient bien laissé derrière eux si les guides ne les avaient pas retenus. Nous avons marché une grande partie de la nuit et c'est au petit matin que nous sommes arrivés en vue des sommets. Il y avait partout de la neige qui rendait notre progression difficile. C'était la première fois que j'en voyais une telle étendue. Je crois n'avoir jamais eu aussi froid de ma vie, et nombre d'entre nous n'en menait pas large. Je voyais les peaux bleuir sous l'effet du froid et les membres se recroqueviller pour ne pas perdre de chaleur. Si c'est la température habituelle de ces contrées, je commence à me demander si quitter l'Afrique était une si bonne idée.

Il vint un moment où nos guides s'arrêtèrent. Ils se tournèrent vers notre colonne pour nous désigner un endroit en amont, parfaitement visible dans le matin radieux : le passage ! Au-delà de ce col, c'était la France. Eux ne pouvaient continuer mais ils nous assurèrent que derrière, d'autres Blancs généreux nous attendaient. Sur ce, ils disparurent sur le chemin en direction de la vallée. Nous étions alors livrés à nous-mêmes. Il ne nous restait d'autre choix que de continuer.

Nous avons atteint le col rapidement et c'est un spectacle bien singulier qui s'est offert à nos yeux. Le ciel était sans nuage et le soleil venait illuminer la montagne enneigée. Tout cela était incroyablement beau, d'autant plus que s'ouvrait devant nous la route qui descendait vers la France, enfin.

Notre émerveillement n'a été que de courte durée et a fait place à l'étonnement. À quelques centaines de mètres de nous se tenaient un grand nombre de jeunes gens, tous habillés de bleu, qui avaient déployé une barrière souple et une banderole sur laquelle il était très nettement indiqué que nous n'étions pas les bienvenus en France. Nous fûmes pris de peur, pensant qu'il s'agissait là de la police française qui allait nous empêcher de passer et nous refouler vers l'Italie que nous tentions de quitter.

Nous les avons observés longuement. Ils ne semblaient pas vouloir quitter leur position mais, bien qu'ils nous aient vus, ne cherchaient pas à nous approcher pour nous capturer. Ousmane a fini par décider qu'il fallait tenter quelque chose. Selon lui, la France ne pourrait être pire que l'Italie, bien au contraire, car il avait recueilli nombre d'informations selon lesquelles ce pays offrait beaucoup d'avantages aux gens comme nous. Il se leva donc et, suivi de quelques autres, descendit à la rencontre de ces jeunes gens pour voir s'ils le laisseraient passer. Il se produisit alors la chose la plus incroyable que j'ai vue jusqu'ici.

Au moment où nous allions prendre contact avec ces jeunes gens, des gendarmes, authentiques policiers[7] ceux-là, surgirent en contrebas. En les voyant nous nous crûmes perdus. Nous étions prêts à détaler mais les gendarmes ne semblaient pas vouloir s'occuper de nous. Au contraire, ils fondirent sur ces jeunes gens qui se tenaient de sorte à nous empêcher de passer et les encerclèrent. Incrédules, nous assistions à la manœuvre sans savoir que faire quand Ousmane, toujours plein d'esprit d'entreprise, décida de profiter de l'occasion pour passer. Il s'élança droit devant lui et nous le suivîmes sans hésiter. Les gendarmes, fort occupés à contrôler ces jeunes Français qui ne voulaient pas de nous en France, nous laissèrent passer sans réaction, si ce n'est que l'un d'eux, probablement novice dans l'exercice de son métier, essaya d'attraper l'un d'entre nous. Il fut fermement tancé pas son chef qui le

---

[7] Les gendarmes insistent curieusement sur l'idée qu'ils sont militaires et non policiers alors qu'ils font le même métier que ces derniers.

rappela à la mission essentielle pour laquelle ils étaient venus.

Quelques instants plus tard, nous étions sur la route qui descendait dans la vallée. Nous avions enfin gagné ce beau pays qu'est la France.

Ainsi, mon périple français débuta par cette bizarrerie que les gens chargés de faire respecter la loi sont apparus zélés face à ceux qui voulaient dénoncer notre entrée illégale, et bien peu alertes à s'opposer à notre intrusion. Je reconnais que tout cela me va fort bien : rien ne serait pire qu'une police à qui on donnerait l'ordre de nous refouler, car aucun d'entre nous n'a de document valable ou de visa en bonne et due forme. Nous ne sommes ici que poussés par notre désir et notre volonté, et je sais que nous n'avons d'autre droit pour entrer en pays étranger que celui universel qui garantit l'accès de tout homme au bonheur sur cette terre, où qu'il le désire. Tout cela n'est pas vaine rêverie de ma part : comme me l'ont expliqué les gens du bateau qui m'a amené en Italie, tout cela est inscrit dans une loi qu'on appelle les droits de l'homme et qui donne à chaque individu sur cette terre le droit de s'installer en France, car c'est le pays des droits de l'homme – et nous sommes tous des hommes.

Je t'avoue que si des étrangers essayaient de s'installer dans notre village sans m'en demander la permission, je serais le premier à leur expliquer que tout cela ne se fait pas, et je crois que je comprends bien ces jeunes gens qui essayaient de nous signifier que nous n'étions pas les bienvenus, mais quoi, il faut que je pense d'abord à moi, et si par la grâce de leurs lois et de leurs droits de l'homme je peux m'installer chez eux, il faut que je le fasse[8].

Lettre XI

De Mamoudou à Issa, au village

Je suis bien étonné de toutes tes aventures, et jamais je n'aurais cru possible que des gendarmes vous aident à pénétrer le territoire même qu'ils sont censés défendre. Tout ceci ne serait pas possible chez nous. Nous aurions depuis bien longtemps chassé de notre village à coups de bâton les importuns, tu peux en être sûr.

Celles que nous ne pouvons chasser pour l'instant, ce sont ces femmes blanches qui se sont installées chez nous pour nous éduquer. Elles appellent cela « faire de l'humanitaire », activité qui consiste surtout à se faire prendre en photo avec les enfants du village devant l'école.

Quelques-unes sont jeunes et appétissantes, mais elles jouent les prudes. Elles prennent leur devoir d'éducation très au sérieux et aiment à nous faire la morale. Les vieilles sont plus douces avec nous. Je t'ai parlé de celle qui m'a pris en affection : elle s'appelle Jacqueline et ne fait désormais plus mystère de son attirance pour moi, à tel point que j'ai fini par céder à ses avances.

Cela n'a pas été la chose la plus agréable, mais elle m'a tant parlé de sa Bretagne que j'ai plié, et je n'ai eu cesse de lui fournir ce qu'elle demandait. Comment ai-je pu, te demanderas-tu ? Eh bien, il m'a fallu penser à nos femmes

---

[8] Bien que peu familier de la philosophie des Lumières, l'auteur de cette lettre en donne ici un résumé saisissant, ce qui montre bien que les idées en sont universelles et accessibles à tous les hommes.

dont les muscles et la passion sont sans commune mesure avec les chairs molles de ces vieilles pour accomplir l'acte. Pour entretenir la flamme de la passion dans mon cœur, je me concentre sur l'idée que si je donne des gages de mon amour pour elle nous pourrons nous marier et rentrer ensemble en France – et peut-être alors nous reverrons-nous.

Lettre XII

De Issa à Mamoudou, dans le sud

Nous sommes arrivés dans un endroit bien étrange. Il s'agit d'une maison perdue dans une vallée pas très loin de l'endroit où nous avons passé la frontière. Il y a ici déjà d'autres migrants comme nous, arrivés dans les jours précédents, et qui attendent de repartir. D'ailleurs nous ne sommes pas les derniers : chaque semaine, ce sont de nouveaux arrivants qui viennent s'installer avec nous alors que d'autres s'en vont pour des destinations mystérieuses.

Cet endroit est tenu par un Français à la drôle de figure qui est bien sympathique mais semble ne jamais se laver. Tout est assez sale, plus encore que dans le camp que nous avons fui en Italie, et j'ai l'impression que personne ne se préoccupe de quelque entretien. Pour le reste, nous sommes plutôt tranquilles ; j'ai vite découvert que l'activité principale de celui qui nous héberge, qui se prétend agriculteur, consiste à cultiver des plants de chanvre indien, du produit desquels il fait une consommation quotidienne abondante et qu'il distribue largement à tous ceux qui sont hébergés ici.

Comme tu le sais, je me suis toujours tenu éloigné de toute drogue car j'en connais les effets délétères, mais la plupart de mes camarades ici goûtent fort l'oubli et l'apathie dans lesquels les plonge le cannabis. Il faut dire à leur décharge que les journées sont longues et que nous ne faisons presque rien. Ousmane, que j'appelle maintenant mon ami, se laisse très souvent aller à cette torpeur et n'en sort que pour échafauder des plans afin de partir.

Partir et faire fortune est d'ailleurs notre but à tous, du moins à tous ceux qui restent lucides. Il nous a été promis un moyen peu de temps après notre arrivée, et voilà lequel : plusieurs personnes, qui étaient d'ailleurs fort mal habillées et ressemblaient beaucoup à notre hôte, sont venues nous rendre visite. J'ai été au premier contact assez déçu : j'imaginais les Français comme des gens élégants et dynamiques, je n'ai cru voir qu'une bande de pouilleux comparables à ceux qui viennent parfois visiter notre village, comme tu le sais.

Ces gens connaissaient toutefois leur affaire. Ils nous ont expliqué quels étaient les moyens de rester en France et d'obtenir des papiers qui nous autoriseraient à ne plus partir. Ils ont longuement parlé de ce qu'ils appellent « régularisation » et « asile », précieux joyaux qu'il va nous falloir conquérir.

Ils nous ont expliqué qu'il ne fallait pas hésiter à mentir et à raconter une belle histoire aux gens des services officiels qui auraient pouvoir de décider si oui ou non nous pourrions rester. Il faut se dire réfugié de guerre, inventer les pires cataclysmes et les plus pathétiques épisodes, exactement comme l'avait pressenti Ousmane. Tous les moyens sont bons : ils nous ont même conseillé de nous faire passer pour des invertis menacés de mort dans leur pays d'origine ! Tu imagines mon horreur à cette suggestion[9], mais certains d'entre nous approuvaient déjà avec un malin sourire cette stratégie.

Pour ce qui est d'affronter les méandres juridiques et les chausse-trappes d'une administration dont nous ne savons rien, ils nous ont assurés qu'ils prendraient tout en charge. Tout ce que nous avions à faire était de remplir quelques documents, eux nous promettaient qu'ils nous expliqueraient comment procéder.

Voilà un bien étrange pays dans lequel ces gens, regroupés en associations, possèdent pouvoir moral et latitude d'agir contre les lois, et dont l'enseignement est de mentir le plus possible pour déjouer les pièges de celles-ci. Il semble que la France soit toute bâtie sur ce système de mensonge, dans lequel seul celui qui connaît le mieux les arcanes de l'administration soit à même de trouver son chemin. Il est d'ailleurs bien étonnant qu'ils n'aient aucun souci à se faire vis-à-vis de la justice, qui ne semble pas se préoccuper qu'ils aident des personnes comme moi, qui, si elles sont parfois de bonne volonté, n'en restent pas moins des clandestins. Quelle a été ma surprise en apprenant de la bouche même de ces gens qu'ils recevaient de l'argent de la part des gouvernements, mairies, régions ou autres organismes dont la fonction semblent de leur transférer les deniers honnêtement gagnés du contribuable français afin d'exercer leur activité quasi-illégale.

Si cela se produisait dans notre village, nous aurions tôt fait de mettre de tels gens au pas, mais les Français ont une toute autre perception de la chose. Il leur paraît parfaitement légitime d'enfreindre toutes les lois si cela se fait au nom d'une cause morale supérieure. Un individu

9 Nouvelle manifestation du conservatisme profond qui imprègne encore la mentalité traditionnelle de l'auteur, qui peut paraître choquante au lecteur contemporain.

qui se réclame d'un humanisme universel est ici autorisé à tous les manquements à la loi, et bénéficie de la bienveillance de la police et de la justice.

Quant à moi, je n'ai pas à m'en plaindre : je crois n'avoir jamais été aussi bien reçu, puisque ces gens m'expliquent comment faire des choses dont j'ignorais même la possibilité.

Lettre XIII

De Issa à Mamoudou, vers Paris

Ousmane et moi avons décidé de fuir vers Paris, et voici comment nous nous y sommes pris.

L'ambiance dans la maison de la vallée devenait insupportable. Trop de nouveaux arrivants, dont certains n'étaient pas animés des meilleures intentions, et surtout trop d'attente. Contrairement à ce que nous avaient dit les gens des associations, les procédures pour obtenir le droit d'asile sont très lentes et nous perdions patience. Il est arrivé une bonne nouvelle qui nous a décidés : nous avons appris que les trains étaient gratuits pour les gens comme nous. Dès le lendemain, nous étions partis. Un des membres de l'association nous a obligeamment déposé à la gare et expliqué comment rejoindre Paris. Nous sommes montés dans le train et il n'a pas fallu longtemps avant qu'un petit homme en uniforme au ton désagréable vienne nous demander nos billets. Nous lui avons expliqué que nous étions des demandeurs d'asile et que nous ne devions pas payer selon les lois universelles des droits de l'homme, mais il n'a rien voulu entendre et comptait nous faire descendre à la première gare qui se présenterait.

Nous étions Ousmane et moi désemparés car nous craignions que la police ne nous attende dans cette gare, mais c'est un tout autre spectacle qui s'est offert à nous. Sur le quai, il y avait deux personnages qui semblaient fort importants aux yeux de notre contrôleur. Dès qu'ils nous ont vu, ils nous ont fait signe bien amicalement de rester à bord et ont expliqué au contrôleur que la SNCF, ainsi que se nomme la société qui gère les trains en France, avait un devoir d'humanité et qu'il était impossible de nous jeter dehors dans le froid, froid tout relatif puisqu'il brillait un grand soleil et que nous étions en chemise. Mais le devoir d'humanité a prévalu : les personnages importants de la gare ont sorti un papier qu'ils appelaient circulaire sur lequel il était mentionné qu'on nous devait la bienveillance.

Le petit homme désagréable est subitement devenu le plus charmant des personnages et nous a installé dans une voiture confortable avec des gestes obséquieux. Le train est reparti et nous avons pu arriver à Paris sans encombre et sans qu'il ne nous en coûte rien.

La France est un pays de cocagne qui recèle mille merveilles. Tout y est gratuit pour peu qu'une circulaire, un ordre ou un décret venu d'en haut vous l'accorde. Quant au prix des billets de train, j'ai eu la curiosité de me renseigner, et je me demande comment des gens peuvent payer de telles sommes. Si j'ai un conseil à donner aux Français, c'est de se faire passer pour des migrants ou des réfugiés : ils pourront ainsi économiser beaucoup d'argent.

Lettre XIV

De Issa à Mamoudou, à Paris

Nous voilà donc à Paris. Oserais-je le dire ? La première chose qui m'a frappé a été la saleté incroyable de cette ville[10]. Je m'attendais à voir celle qu'on nomme la plus belle ville du monde, et qui a en effet de bien beaux bâtiments, mais il semble qu'aucun endroit ne soit épargné par les dépôts d'ordures. Les poubelles y débordent, tout Parisien prend la chaussée pour un dépotoir dont il espère que quelqu'un viendra se charger de le nettoyer après son passage. Le Parisien est l'individu le moins soucieux du bien commun, la rue ne le concerne pas. Dès qu'il le peut il va s'enfermer derrière les lourdes portes d'immeubles défendues par des codes et des interphones. Paris est une ville barricadée dans laquelle personne ne se soucie véritablement de ce qui se passe hors de chez lui, ne cherchant qu'à traverser au plus vite l'espace public en prenant un air pressé et hautain.

Quel contraste avec la vie joyeuse et sociale de notre village ! Quelle déception aussi que cette crasse permanente. J'ai arpenté avec Ousmane un certain nombre de rues, je n'en ai vu aucune dont le sol ne soit pas constellé de traces de chewing-gums incrustés ou de mégots de cigarette abandonnés que les fumeurs parisiens jettent sans autre forme de procès à même le sol.

Pire encore, le gouvernement de cette ville, qu'on appelle Mairie, encourage à cette saleté repoussante. Ici et là sont placés des urinoirs qualifiés d'écologiques dont la fonction consiste à recycler l'urine en engrais pour faire

---

[10] Cette remarque nous permet de dater la lettre avec certitude de l'époque hidalguienne.

pousser d'hypothétiques plantes que nul ne voit jamais. Par contre, ce qui est parfaitement visible sont ces assemblages de planches dans lesquels sont enchâssés lesdits urinoirs. Le tout est jonchés d'ordures comme si l'endroit était pris pour une poubelle, et recouvert de graffitis de toutes sortes. L'ensemble dégage une odeur repoussante et des traînées suspectes serpentent partout sur le sol. Pour rien au monde je ne voudrais m'approcher de ces choses et je comprends tous ceux qui vont se soulager ici ou là, comme ils le peuvent.

Tout dans cette ville est incroyablement négligé. L'espace public y a été laissé à l'abandon et la moindre innovation y tourne à la catastrophe et à la laideur. Des arbres en pot deviennent des poubelles. Il y a partout des conteneurs destinés à la collecte du verre, car cette ville se veut pionnière dans le tri des ordures, pratique fort louée en France. Pourtant, il semble que l'action soit totalement contraire à la parole, puisque les Parisiens viennent déposer toutes sortes de déchets qui n'ont rien à voir avec du verre devant ces conteneurs, qui d'ailleurs débordent souvent.

Jamais je n'ai vu ville qui soit plus satisfaite de sa vertu en parole et moins zélée à appliquer ses propres principes dans les faits.

Nous avons cependant été agréablement surpris du nombre de nos frères africains qui se trouvent à Paris. Partout où nous allions nous croyions retrouver l'Afrique et ses milles peuples. Les gens du Maghreb y sont très présents, tout particulièrement dans un endroit qu'ils appellent Barbès et qui me rappelle par moment les tristes instants que j'ai vécus en Libye. Tout ce que le monde compte d'aigrefins semble s'y être donné rendez-vous, et nous avons grandement préféré le quartier de Château-Rouge, qui est une véritable Afrique au sein de cette ville.

Nous n'y étions pas dépaysés et pour un peu, j'eus cru que nous étions retournés sur notre beau continent.

Il est très étonnant pour un Africain de trouver autant de ses semblables et j'ai même éprouvé un moment de déception. Moi qui avais lu Victor Hugo je pensais arriver dans un monde de poésie, dans la ville de Notre-Dame, et me voilà ramené au cœur de notre Afrique dans laquelle se heurtent et se côtoient mille ethnies et autant de langues bruissantes ou rauques, douces ou brutalement expressives. Paris est bien différente de ce que j'imaginais, et j'ai même entendu parler d'une ville toute proche du nom de Montreuil dont on dit qu'elle compte plus de Maliens que n'importe quelle autre ville du monde à part Bamako.

Il nous a été difficile de nous orienter dans cette jungle, car à Paris, personne ne t'aidera.

Lettre XV

De Issa à Mamoudou

Paris a vite été dur avec nous. Nous ne savions où aller et nous avons suivi d'autres migrants qui comme nous venaient d'arriver dans la capitale ; c'est ainsi que nous avons atterri dans un endroit que l'on nomme Porte de la Chapelle. C'est un lieu terrible où s'entassent des dizaines de pauvres hères dans des tentes qu'ils jettent à même le sol et qui leur ont été fournies par ces nombreuses et mystérieuses associations. Il apparaît ainsi tout un village à l'abri d'une voie pour automobiles placée en hauteur. Cet endroit est encore plus sale que le reste de la ville, si tant est que cela soit possible. Nous y voyons des matelas crasseux, des palettes de bois, des tissus troués, toutes sortes de matériaux délabrés au moyen desquels ces gens tentent de survivre.

Ce campement n'est pas le seul de son espèce. Il en existe plusieurs dans Paris, à l'intérieur même de la ville. L'un d'eux est situé sous une voie de chemin de fer aérienne qu'ils appellent métro, un autre encore le long d'un canal. Celui dans lequel nous avons échoué s'étend entre deux portes de Paris le long d'une véritable autoroute connue sous le nom de « Périphérique ». Tu peux y trouver toutes sortes de nationalités. Les Afghans y sont particulièrement fiers et affichent leur appartenance par des mots tracés maladroitement sur leurs tentes[11].

Nous nous regroupons par nationalités ou ethnies et il y a parfois des rivalités bien dures entre les groupes ; l'autre jour une rixe a éclaté pour un motif futile et un homme en a poignardé un autre, dont je ne sais même s'il a survécu ou non. Le bruit court que ce genre de chose n'est pas rare et qu'il faut se garder de tout le monde. Tu imagines bien que cette situation n'est pas ce que nous avions espéré en partant du village. Il me vient parfois à l'esprit que j'ai peut-être fait une erreur en quittant l'Afrique. Ajoute à cela un froid comme nous n'en connaissons jamais sous nos latitudes et un temps trop souvent mauvais de pluie et de vent, tu auras un tableau assez fidèle de notre condition.

Il y a pourtant toujours ces associations dont les membres nous visitent de temps à autre en nous promettant qu'ils font tout pour que nos situations soient, comme ils disent, régularisées. C'est pour l'instant la seule aide sur laquelle nous pouvons compter.

Pour nous nourrir, c'est encore une association qui nous vient en aide. Tous les jours à la même heure un petit

---

[11] Détail parfaitement authentique.

camion s'arrête à proximité de notre camp. Deux ou trois personnes en sortent, bien souvent des femmes, et disposent une petite table pour procéder à une distribution de nourriture. Tous, nous nous massons à quelques mètres, ayant bien soin de respecter une distance afin que la distribution se fasse en bon ordre, faute de quoi ces gens ne reviendraient pas. Il ne faut pas être en retard, car il arrive que les derniers ne soient pas servis.

C'est un spectacle bien étrange que ces hommes bigarrés et dépenaillés qui se pressent en colonnes peu rigoureuses sur un trottoir de Paris jonché par ailleurs de tentes bancales, de matelas crasseux, et d'ordures de toutes sortes, attendant sagement que depuis une table pliante posée sur le pavé trois bénévoles leur donnent un maigre repas dont les reliefs finiront par rejoindre à même le sol les sacs en plastique et déchets déjà nombreux.

Toute cette misère me donne parfois la nausée et je ne sais comment nous allons réussir à nous tirer de ce qui me paraît de plus en plus un fort mauvais pas. Cette aventure m'a jusqu'ici coûté fort cher et valu bien des vicissitudes.

J'espère pouvoir te donner de meilleures nouvelles bientôt. Il faut aussi que je surveille Ousmane qui, depuis que nous sommes arrivés à Paris, est immanquablement attiré par les personnes les moins recommandables que nous rencontrons.

Lettre XVI

De Mamoudou à Issa, au village

Toutes les aventures que tu me narres contrastent fortement avec le tableau idyllique que me brosse tous les jours Jacqueline de sa Bretagne natale. Je lui ai parlé de ta situation et elle m'a répondu que Paris n'était pas la France, que tout y était plus dur et plus impitoyable. Elle m'a mis en garde contre la terrible pollution qui y règne en permanence et pourrait te faire du mal. Elle pense qu'il vaudrait mieux pour toi aller vers le bord de mer, qui sera beaucoup plus propice à ton bien-être, et m'assure que sa région est très accueillante aux gens qui, comme toi, ont décidé de tenter l'aventure pour trouver une vie meilleure.

À force d'entendre ses confidences, je me laisse tenter aussi. Comme je te l'ai déjà dit, j'ai un plan pour te rejoindre, plan qui implique évidemment que je fasse connaître régulièrement les délices de l'amour à cette femme. Je t'avoue que cela est la partie la plus difficile à réaliser, d'autant plus que cette diablesse de femme est aussi insatiable qu'elle est peu attirante. Je dois la visiter dans sa case deux fois par jour au moins, et de la façon la plus vigoureuse qui soit. J'en viens à être épuisé et j'espère que je serai suffisamment en forme pour le grand voyage que je projette. Ce serait véritablement un comble si je donnais autant de ma personne au point de ne plus pouvoir me lancer dans l'aventure que je projette justement à cause des moyens que j'y consacre.

S'il ne s'agissait que de la retrouver dans l'intimité, je pourrais le supporter : toutes lumières éteintes, il me suffit de penser à l'une de ces jeunes qui préfèrent passer leur temps à instruire les femmes et les enfants ; mais il me faut encore aller partout aux alentours à son bras, et elle ne manque pas de me donner des témoignages d'affection en public dont je me passerais fort bien. Que ne faut-il pas faire pour améliorer sa condition !

Lettre XVII

De Issa à Mamoudou

Notre situation à Paris ne s'améliore pas, bien au contraire, surtout quand je vois la dérive de Ousmane, qui s'est acoquiné avec les pires voyous qui se puissent faire. Son naturel roublard a pris le dessus, il est déjà impliqué dans plusieurs trafics. Il a débuté en commettant de menus larcins pour nous procurer un peu plus à manger mais il a vite compris que dérober des ordiphones aux passants était bien plus lucratif. Il suffit de suivre sa victime quelques instants puis de fondre sur elle dès qu'elle consulte l'écran de l'appareil, chose qui n'est pas rare à Paris où l'on peut voir bien des gens marcher droit devant eux, le regard fixé sur l'écran de leur ordiphone qu'ils tiennent d'une main, la tête penchée en avant. On croirait voir ces créatures dépourvues de volonté que les sorciers de chez nous commandent en réanimant des cadavres à l'aide de philtres et autres décoctions de plantes dont eux seuls connaissent les noirs secrets : des zombies, voilà ce que sont ces Parisiens, zombies dont Ousmane profite. Il exploite leur inattention complète à tout ce qui les entourent pour fondre tel l'aigle sur le mulot innocent et arracher d'un geste précis l'appareil tant convoité. Ces machines se négocient ensuite à bon prix. Ce petit commerce nous a permis d'avoir chacun un ordiphone de fort bonne qualité. C'est même la seule chose que semble posséder tous les migrants qui, comme nous, sont par ailleurs plongés dans le dénuement.

Ce trafic et bien d'autres encore sont encouragés par l'attitude de la police. Ousmane a déjà été arrêté deux fois en quelques semaines. La première fois, je crus ne jamais le revoir. J'étais persuadé qu'il allait être envoyé en prison ou expulsé car il n'a sur lui aucun papier valable. Il n'en a rien été. Il a passé quelques heures dans un poste de police puis a été relâché avec un sermon. La seconde fois, la chose s'est reproduite mais il a été sommé de se présenter devant un juge : il est revenu avec un petit papier qui lui donnait un rendez-vous lointain de six mois avec lequel il a entrepris d'allumer un brasero pour nous réchauffer.

Fort de cette impunité que ne je croyais même pas imaginable, il a décidé que la carrière criminelle était le meilleur choix possible pour lui. La France est décidément un pays étonnant dont je peine à comprendre le fonctionnement. Nous avons vu plusieurs fois la police zélée arrêter des automobilistes sous les prétextes les plus futiles alors que nous, clandestins, campions à quelques mètres de là. Ici, la moindre infraction commise par un citoyen autochtone est sévèrement réprimée alors que le petit voyou ressort libre après quelques heures et peut se remettre à l'ouvrage à peine rendu au pavé de Paris. On m'avait parfois prévenu que tout fonctionnait ici fort différemment de chez nous mais je ne m'attendais pas à trouver une telle inversion de toutes les valeurs et de toute morale. Le petit délinquant est très sévèrement châtié chez nous pour être bien certain qu'il ne recommence pas et ne devienne pas un grand bandit à force d'habitude dans le crime. L'antique sagesse qui veut qu'on étouffe dans l'œuf le crime pour mieux s'en prévenir ne semble pas avoir cours ici. La France veut absolument croire que tout le monde a droit à une deuxième chance, qui se transforme bien souvent en millième chance. Pour compenser cette bienveillance à l'égard des criminels, policiers et juges font montre d'une sévérité exemplaire à l'égard du citoyen honnête, contribuable solvable qui a bien trop à perdre pour se rebeller et qui se révèle une source de profit pour l'État autant qu'un contrevenant docile pour la police.

Tout en France conspire contre le citoyen et favorise le délinquant. L'État ne semble rien craindre plus que le peuple et lui fait sentir à chaque moment sa férule. Pour contrôler au mieux cette population qu'il voit ennemie, l'État, incarné peut-être par cent-cinquante mille personnes constituant une caste administrative qui a depuis longtemps confisqué le pouvoir à son seul profit, n'a rien trouvé de plus efficace que l'antique métaphore du marteau et de l'enclume. Il laisse d'un côté libre cours aux criminels d'exercer leurs méfaits, face auxquels la police se sent impuissante tant en raison de leur prolifération que des consignes strictes qui lui sont données de pas être trop sévère. Quand bien même elle arrête lesdits criminels, ceux-ci bénéficient trop souvent de la clémence de la justice, dont on croirait que les représentants les aiment d'amour fou et maternel. C'est la grande force des droits de l'homme appliqués par un corps largement féminisé. Tu sais combien changeantes sont les femmes, promptes aux emportements les plus impitoyables comme à la pitié la plus aveugle ; leur laisser empire sur quasi-totalité des tribunaux me semble folie. La justice a arraché depuis longtemps le bandeau qui lui couvrait les yeux et couve le criminel comme son enfant rebelle à qui elle accorde dans cesse le pardon, l'excuse, la seconde chance.

Dans ce pays, le croiras-tu, tout individu qui est condamné à deux années de prison est certain de ne jamais y mettre le pied, tant en raison de la surpopulation des geôles que de la politique délibérée qui consiste à ne jamais enfermer quelqu'un pour si peu de temps. Les malfaiteurs bénéficient d'un grand nombre de largesses qui leur permet de ne pas passer la totalité de leur peine derrière les barreaux. Il n'est pas rare de voir des criminels violents condamnés à de faibles peines malgré la brutalité de leur crime et parfois même l'irréversibilité des dommages physiques qu'ils causent à leurs victimes.

Il semble au citoyen ordinaire que les juges sont tout acquis aux criminels et la légèreté des peines qu'ils prononcent indigne bien souvent l'honnête homme qui se sent impuissant face à ce phénomène. Tout au contraire, il arrive malheur à celui qui tente de se défendre face à un criminel. Quiconque ose prendre en main sa propre sécurité et dans l'urgence de l'instant fait un mauvais parti à celui qui voulait lui causer du dommage est certain d'être châtié très durement par la justice, et traité de même par la police qui ne saurait souffrir la moindre concurrence. Il ne s'agit pas de personnes cherchant à se faire justice après les faits, mais bien de gens honnêtes qui tentent de survivre face à des agresseurs violents au moment même du crime. Tel a blessé un cambrioleur qui s'était introduit chez lui nuitamment : le voilà devant les tribunaux et, poursuivi par son voleur, contraint à lui verser des dommages et intérêts. Tout cela paraît déraisonnable, aucun pays civilisé et rationnel ne permettrait cela mais la France semble marcher sur la tête en bien des domaines, et la justice n'est pas le moindre d'entre eux.

La caste qui rend la justice est bien sûre d'elle-même et persuadée d'accomplir un devoir moral dans l'exercice duquel l'application de la loi laisse place à une interprétation toute personnelle qui se transforme bien souvent en sermon à l'égard de celui qu'on souhaite châtier, en fonction de ce qu'il est ou de ce qu'il pense plutôt que de ce qu'il a effectivement fait.

De l'autre côté de cet étau les simples citoyens, contribuables solvables qui ont toujours trop à perdre pour vraiment se révolter mais qui sont des cibles de choix pour la maréchaussée et la justice, sont en permanence persécutés en vertu d'une multitude de lois, normes, règlements et décrets dont l'application est impitoyable. La police aussi bien qu'une armée d'agents administratifs font preuve du plus grand zèle pour faire respecter cet inextricable filet de lois dont l'application aboutit immanquablement à des entraves à la liberté et au commerce, mais aussi à un flux d'espèces sonnantes et trébuchantes que le citoyen doit verser en permanence à l'État pour pouvoir continuer à vivre. Tel théoricien de l'État pourrait arguer que cette taxation, pour lourde qu'elle soit, doit être considérée comme un paiement en échange d'un service étatique qui garantit par la justice et la sécurité l'exercice de leurs libertés aux citoyens honnêtes. Il n'en est rien dans les faits : on croirait plutôt voir l'oeuvre d'une mafia qui impose son extorsion en échange d'une protection toute théorique, protection qui signifie en réalité que ladite mafia ne viendra pas vous brutaliser pourvu que vous gardiez le silence et faites tout ce qu'elle souhaite.

Il semble qu'en France l'État a déclaré la guerre à ses citoyens dont il cherche à se protéger coûte que coûte en les contrôlant afin de pouvoir en extraire toute la richesse possible, et ce au seul profit des cent-cinquante mille qui dominent l'administration et de leurs complices et connaissances dans les milieux d'affaire.

Ainsi s'est étendu un modèle d'anarcho-tyrannie : anarchie par le bas car les autorités abdiquent volontairement face aux criminels dont la peur fait tenir tranquille le citoyen, tyrannie par le haut en ce qu'elle impose avec la dernière rigueur ses lubies et décisions aux citoyens dont elle ne cherche qu'à les tenir en respect dans le plus sévère des carcans. Un illustre philosophe avait bien raison de dire que la tyrannie la plus cruelle est celle qui s'exerce à l'ombre des lois et avec les couleurs de la justice. À partir du moment où une caste s'est emparée de tous les pouvoirs et dont tous les membres aspirent au même désir de contrôle sur un peuple qu'ils méprisent, alors les lois ne sont plus que des instruments d'oppression entre leurs mains, oppression d'autant plus insupportable qu'elle s'accompagne de leçons de morale satisfaites[12].

On observe donc en France l'alliance incongrue et pourtant efficace des voyous et de la caste dirigeante, ceux-ci devenant malgré eux les agents de celle-là, secondant efficacement la police dans son rôle de contrôle social.

C'est là, pour autant que je puisse en juger jusqu'ici, le cœur du mal profond qui ronge ce pays que j'admirais tant autrefois, et dont je n'attendais que bienfaits. Il semble que la caste dirigeante ait pris un peu trop à la lettre l'amour de Victor Hugo pour les criminels et y ait ajouté sa rage de domination sur un peuple somme toute honnête et sympathique qui m'a paru tout médiéval dans son attitude face à la vie. Je ne crois pas que les Français méritent cela et pourtant, ils doivent bien y avoir une part de responsabilité.

[12] L'auteur de cette lettre semble naturellement poussé vers des positions libertariennes, ignorant qu'il est des bienfaits de l'État et de sa place sacrée dans l'imaginaire des Français.

Lettre XVIII

De Issa à Mamoudou, à Stalingrad

Terrible, mon très cher Mamoudou, est la pente sur laquelle peut glisser une âme ardente, rebelle, mais en laquelle se trouve quelque chose d'un peu tordu, de mal ajusté. Je vois Ousmane prendre cette ligne de plus forte pente que sont enclins à suivre bien des hommes, la facilité étant toujours plus attirante que l'effort.

Nous avons découvert à Paris, pour notre malheur, l'endroit qu'on appelle la colline du crack. C'est une butte, à peine un talus le long du boulevard périphérique, sur laquelle se regroupe la pire engeance qui soit. On n'y trouve que des individus hagards, hébétés, au cerveau ravagé par la drogue et dont toute la vie se passe à chercher le produit qui leur fera oublier le manque. On croirait réellement des morts-vivants qui errent en haillons, crasseux à l'extrême. Cet endroit terrible est la pire chose que j'ai vue depuis notre arrivée à Paris. On y trouve des gens réduits à la mendicité et à la folie. Il est bien triste de quitter nos pays et notre pauvreté qui ont au moins l'avantage du soleil pour atterrir sur le dur et froid asphalte de Paris et sombrer dans une terrible misère. J'y vois nombre de nos frères pour qui le grand voyage vers l'Europe se solde par un pathétique échec.

J'espère que tu liras cette lettre à tous ceux qui sont restés au village, afin qu'ils sachent les duretés et les déceptions que peut apporter le grand voyage et que l'on quitte parfois un sort difficile pour une situation bien plus insupportable, surtout lorsqu'à la misère vient s'ajouter le crime et la drogue.

Ces deux fléaux semblent s'être donnés rendez-vous en un endroit appelé Stalingrad. C'est une véritable cour des miracles. On y rencontre à nouveau toutes les nationalités de l'Afrique et même d'une partie de l'Asie. Ceux-là ne sont pas encore au niveau de misère et de déchéance de ceux qui habitent à la colline du crack. Ici, tous volent, trafiquent, et font commerce de drogue. Les plus violents, les plus vicieux, y tiennent le haut du pavé ; j'en sais à qui il ne faut pas se mesurer faute de quoi on risque de finir la gorge tranchée dans une ruelle sombre au cœur de la nuit. Toute l'économie de cet endroit tourne autour de cette chose terrible qu'on appelle crack, cette drogue à laquelle je soupçonne Ousmane de s'adonner lors des absences de plus en plus fréquentes que je constate de sa part. À côté de cet endroit, notre camp de fortune protégé par le métro aérien est presque un paradis de sécurité et de paix.

Je connais sa propension à la tromperie et je crains bien que sa nature, s'il en suit la pente, ne le pousse à devenir une mauvaise personne qui, comme certains ici, finisse par ne plus vivre que de crimes. Il y a en chacun de nous la capacité à la faiblesse ou à la résistance face à la ligne de plus forte pente qu'il est toujours aisé de suivre. Mais comme tu le sais nous ne sommes en rien égaux dans ce domaine, comme dans beaucoup d'autres. Certains individus, heureusement en petit nombre, sont par nature enclins à moins de retenue que d'autres face au crime, quelles que soient les circonstances de leur vie. Quelques-uns même sont totalement inaccessibles au remord et à l'empathie et font les pires criminels qui soient.

Ousmane n'est pas de cette dernière catégorie mais une sorte de faiblesse naturelle en lui ne demande qu'à prendre l'ascendant. Déjà il a mis le doigt dans un engrenage que je ne saurais approuver. Ainsi, il a vite compris un stratagème très répandu parmi les fumeurs de crack et autres petits voyous qui errent autour de cet endroit. Il s'est engagé dans le commerce de bicyclettes. Rien de plus facile : avec une grosse pince coupante qu'il a acquise je ne sais où, il peut en quelques secondes s'emparer d'un vélocipède et l'amener à d'autres individus qui se chargent de la revente pour quelques dizaines d'euros, ce qui correspond généralement à un fragment de la somme que pourrait demander un vendeur pour un cycle honnête.

Ce commerce est extrêmement florissant et il arrive que Ousmane vole plusieurs fois la même bicyclette qui passe ainsi entre les mains de plusieurs propriétaires et fournit une source de revenue régulière.

J'espère ne pas le voir tomber encore plus bas. J'ai bon espoir que tout cela finisse, car il court des rumeurs selon lesquelles les pouvoirs publics souhaitent nous envoyer loin de Paris, où nous devenons importuns.

Lettre XIX

De Mamoudou à Issa, au village

Il se peut que nous nous revoyions bien plus tôt que ce que nous espérions. Tu n'auras pas besoin de revenir un jour au village car c'est moi qui viendrai à toi. Mon plan est parfaitement tracé, et avant peu je devrais fouler le sol de France.

À force de rendre visite à Jacqueline dans sa case – ce qui comme tu le sais m'a demandé beaucoup d'efforts et d'abnégation – j'ai suscité tellement d'amour en elle qu'elle est fermement décidée à m'emmener en Bretagne. C'est une fort bonne nouvelle. Je n'ai presque rien à faire désormais pour organiser le voyage. Cette femme se charge de tout et m'offre même le billet d'avion. Grâce à son association et à ses connaissances, elle m'assure qu'elle est en mesure de me faire établir des papiers, de façon au moins temporaire, en attendant de concrétiser plus avant les choses.

Quelle ironie ! Toi dont le désir d'Europe était si fort, il t'a coûté beaucoup de vicissitudes pour enfin y mettre le pied, et moi c'est grâce au désir d'Afrique d'une Européenne que je vais atteindre le continent de toutes les richesses sans que cela me coûte un seul centime – mais enfin, j'ai dû toutefois payer de ma personne.

Allah est grand et tout ce qui est écrit se réalise.

Lettre XX

De Issa à Mamoudou

Rien ne dure éternellement, pas même la misère à laquelle j'ai bien cru que nous allions être réduit jusqu'à la fin des temps. Au matin, alors que la plupart d'entre nous n'étaient qu'à peine réveillés, nous avons vu arriver un grand nombre de policiers qui ont encerclé notre campement de fortune et nous ont intimé l'ordre de partir. À cet effet, il y avait plusieurs autobus rangés le long du trottoir. Devant chacun d'eux un représentant de l'État, assisté de plusieurs membres d'une de ces fameuses associations, nous invitait à prendre place pour que nous soyons conduits vers un endroit meilleur où nous attendait un hébergement de qualité.

Nous avons dû rassembler nos affaires et monter à bord de ces cars. L'opération s'est faite fort civilement et la police a été tout-à-fait correcte – je n'ose dire bienveillante, mais il est manifeste que les chefs avaient reçu des ordres venus de très haut pour que tout se passe dans le calme, probablement à cause de la présence de ces militants associatifs toujours prompts à prendre notre défense et à dénoncer les exactions policières à notre encontre – exactions dont je n'ai pas eu à souffrir le moins du monde jusqu'ici, et à tel point que je me demande parfois si elle ne sont pas un mythe. Note bien qu'il y avait également force journalistes munis de caméras ou d'appareils photo que notre sort semblait particulièrement intéresser. Pas un de nous qui n'ait fait l'objet d'une prise de vue : qui en faisant la queue pour monter dans les autocars, qui en agitant la main à la fenêtre dudit autocar depuis l'intérieur.

Il faut bien que tu comprennes une chose : en France la presse est toute-puissante et rien ne peut se faire sans son consentement. Elle est en permanence aux aguets de la moindre entorse à une morale dont elle s'est proclamée gardienne, et qui d'ailleurs change selon l'heure ou le sujet à traiter. Ne crois pas que cette presse soit dédiée à l'information impartiale du citoyen afin que celui-ci puisse s'orienter dans la vie politique de son pays et connaître tout ce qui agite la société. Ce rôle idéal, tel que l'ont imaginé les lointains inventeurs de la fameuse et élusive *liberté de la presse*, n'est qu'une sorte de projection mentale, de vœu pieux auquel ne croient que les naïfs et les idiots.

En réalité le journaliste français se pense avant tout comme un pédagogue chargé de l'auguste mission d'éclairer le bon peuple sur les choix moraux qu'il doit faire, choix qui bien évidemment doivent correspondre à la politique des quelques puissants auxquels répondent les plumitifs et autres propagateurs de nouvelles. Le journaliste n'a cesse de pratiquer son apostolat de façon quotidienne, et rien n'échappe à son œil acéré et à son commentaire vengeur ou prescripteur, à tel point qu'aucun homme politique ne peut faire quoi que ce soit sans passer sous les fourches caudines de ces censeurs qui sont là pour juger et arbitrer.

Le journaliste peut faire honte et détruire socialement un homme dont l'action lui aura déplu, alors qu'il est capable de faire passer pour vertueux n'importe quel pervers ou délinquant à force d'hagiographie. Tout cela à tel point que la presse exerce une sorte de terreur et que tous craignent de lui déplaire. Partant, toute décision politique est faite pour éviter absolument le moindre trouble et semble être élaborée de la même façon qu'un homme maladroit prend un luxe de précautions excessif pour manipuler la plus fragile des porcelaines. Ils appellent cela « ne pas faire de vague », tant les politiciens rêvent d'un pays dont toute l'histoire serait aussi calme que la surface d'un lac au petit matin.

Afin de mieux éviter les tempêtes, l'État a trouvé un moyen de négocier une paix durable avec la presse, puisqu'il la paye et en fait ainsi son obligée[13]. Les journaux de France doivent leur survie à de larges subventions que leur versent les pouvoirs publics, en puisant évidemment dans l'argent du contribuable qu'il faut sermonner. Ainsi l'argent des Français sert à payer ceux qui leur font des leçons de morale hautaines. Non content de tenir ainsi en laisse les titres de presse, l'État s'assure aussi de la fidélité des individus qui la constituent puisqu'il attribue un privilège fiscal aux journalistes, allégeant ainsi pour eux le poids de l'impôt. De là découle une relation bien particulière entre les hommes de pouvoir et ceux de la presse, qui peuvent parfois faire montre de divergences, ceux-ci menant sur le devant de la scène la vie dure à ceux-là, mais uniquement dans de strictes limites dont tous ont une connaissance tacite. Une fois la représentation à

[13] Subtile dialectique du maître et de l'esclave dans laquelle Hegel lui-même se serait perdu, et que pourtant l'auteur de ces lettres semble maîtriser à la perfection par sa compréhension naturelle des choses.

destination du peuple terminée, ils se retrouvent comme en famille, liés qu'ils sont tout autant par le sang et le lit que par des intérêts sociaux et pécuniaires.

Par un fait étonnant, tous les journalistes sont d'accord sur à peu près tout, et penser autrement qu'eux vous applique l'étiquette infâmante de « fasciste », terme dont je crois avoir compris qu'il désigne de fort méchantes gens qui souhaitent l'ordre et la discipline dans une société unie selon un peuple, et une politique sous l'égide d'un dirigeant tout au service de son pays[14]. Une bien étrange idée, comme tu t'en doutes.

Ainsi les journalistes étaient présents pour s'assurer de notre bonne santé et pour fustiger cette police et cet État qui nous traiteront toujours trop mal à leurs yeux. Assurément, ce stratagème a des effets positifs puisqu'une fois dans l'autocar, on nous a distribué un repas et de l'eau avant que nous ne fussions emmenés pour une destination inconnue dont cependant on nous assurait que nous y serions bien.

Lettre XXI

De Issa à Mamoudou, en Creuse

Quelle a été ma surprise à l'arrêt final de l'autocar dans lequel nous étions montés à Paris ! Après plusieurs heures de voyage, le véhicule s'est arrêté au milieu de la place d'un village, à peine plus étendu que le nôtre. Imagine-toi une route bordée de quelques maisons dont la plupart ont

[14] Sagacité de l'auteur qui capture en si peu de mot le programme terrifiant de gens qui voudraient assurément nous faire revivre les heures les plus sombres de notre histoire.

les volets fermés, et au-delà une campagne vallonnée aux tons bruns à cette saison de l'année. Tout cela m'a paru bien tranquille mais quelque peu désolé, et je ne sais ce que nous allons faire ici.

Nous étions cependant attendus : il y avait là le maire du village, reconnaissable à une grande écharpe aux couleurs de la République qui lui barrait la poitrine, mais aussi un individu à la grise mine et au costume tout aussi gris qui était, à ce que j'ai compris, le représentant du préfet – car vois-tu, en France, les autorités sont multiples et quand elles ne sont pas soumises en cascade l'une à l'autre, elles sont parfois en conflit, mais c'est toujours l'État qui finit par avoir raison contre les citoyens et leurs représentants.

Ce maire essayait de faire bonne figure mais on percevait qu'il n'était pas extrêmement aise de notre arrivée. Le représentant du préfet, qui est une sorte de commissaire de police ayant tout pouvoir sur la contrée, était au contraire tout pénétré de l'importance du moment et manifestait un zèle évident à l'accomplissement de sa mission qui était de nous accueillir.

Ces personnages n'étaient pas seuls. D'un côté étaient massés quelques dizaines d'habitants du village qui nous considéraient avec suspicion et hostilité alors qu'en face d'eux se trouvait un petit groupe de personnes avec des banderoles nous souhaitant la bienvenue. Ces gens étaient membres de l'une de ces fameuses associations qui nous aident tant depuis le début de notre périple et dont ici les représentants étaient presque tous des personnes aux cheveux gris, dont la plupart étaient des femmes en accusant une surcharge pondérale certaine[15].

Pour limiter l'hostilité manifeste entre les deux groupes, quelques gendarmes avaient été déployés et formaient une frontière. Nous étions au milieu de ces gens, ne sachant trop ce qui nous attendait. Face à nous enfin se dressait un monument dédié aux morts de ce qu'ils appellent la Grande Guerre, qui a eu lieu il y a plus de cent ans, sur lequel est gravé la multitude des noms de ceux qui y ont laissé leur vie. La situation a d'ailleurs été proche de s'envenimer gravement quand l'un des nôtres, déjà fatigué du voyage, s'est assis sur le rebord de ce monument, ce qui a déclenché une clameur hostile d'un côté et des slogans bien sentis de l'autre, les seconds reprochant aux premiers d'être des « fascistes », terme infâmant dont je crois t'avoir déjà parlé et qui désigne ici toute personne qui refuse de se faire dicter sa façon de penser par ceux qui nous soutiennent.

Il faut bien reconnaître une certaine logique dans l'attitude de ces gens : moi-même je serais ennuyé si du jour au lendemain arrivaient dans notre village des hommes venus d'un pays voisin ou lointain du nôtre. Heureusement que nous sommes de bonnes personnes, et j'espère montrer aux Français combien je peux leur être utile. Ce n'est pas comme si j'étais un des natifs du pays voisin de notre village, le Ouaquanda du sud, dont toi et moi savons qu'ils sont des brutes hostiles dont les méfaits ne sont plus à démontrer. Si jamais il leur venait à l'idée de s'introduire dans notre pays, je serais le premier à barricader ma maison et à cacher nos femmes et nos filles,

---

[15] Cette grossophobie insupportable s'explique par le fait que l'auteur de cette lettre vient d'un pays dans lequel les gens ne mangent pas toujours à leur faim et pour qui être maigre est un état commun.

et j'empêcherais fermement toute installation de ces nouveaux venus. J'avoue même que si le chef de notre village approuvait cette arrivée, je serais prêt à participer à sa destitution immédiate. Heureusement que la bonne et saine logique prévaut chez nous et que malgré leurs défauts, aucun de nos dirigeants ni aucun groupe constitué dans la population ne songerait à importer massivement des étrangers pour les installer à demeure chez des gens qui n'ont rien demandé.

En France cependant les dirigeants, aidés par une fraction petite par le nombre mais puissante par l'influence, n'aiment rien tant que de faire bon accueil à l'étranger, pourvu que celui-ci soit originaire d'un pays lointain et surtout qu'il soit installé loin de leurs yeux. Ces gens sont experts à faire peser les conséquences de leurs décisions sur les citoyens tout en s'affranchissant eux-mêmes des désagréments qu'elles pourraient causer ; j'imagine que c'est bien pour cela qu'ils nous ont envoyé de force dans ce village du fin fond de la campagne française. Nous y sommes loin de leurs regards ; ils s'imaginent que nous allons être heureux et trouver à nous employer. Comment ? Eux-mêmes ne le savent pas mais comptent bien sur les habitants du cru pour apporter une solution à ce problème – et comme je te l'ai dit, il semble que notre arrivée crée à certains plus de difficultés qu'elle n'en résout pour nous.

J'ai même appris que notre dispersion depuis Paris dans des villages reculés de France avait fait l'objet d'une fâcheuse rumeur. Nombre de gens qui s'opposent à notre présence en France avaient accusé l'État d'avoir un plan pour nous disperser et nous installer partout, pourvu que ce soit loin de Paris et proche de gens qui n'avaient rien demandé. Tout cela a été qualifié de mensonges par la presse et les politiciens. Il y a même un nom pour accuser ceux qui portent de déplaisantes nouvelles : les « complotistes ». Notre arrivée dans le village, organisée par les plus hautes autorités de l'État, semblent avoir donné raison à ces fameux complotistes qui en définitive se révèlent gens qui ont raison à l'avance.

C'est une constante dans de nombreux pays que de blâmer les porteurs de mauvaises nouvelles et les prophètes de malheur un peu trop lucides. C'est d'ailleurs un Afghan que j'ai rencontré à Paris qui a le mieux résumé la situation en me citant un proverbe de son pays selon lequel il faut donner un cheval à l'homme qui dit la vérité car il aura besoin de s'enfuir très vite. Celui-là était lettré et connaissait Victor Hugo en farsi, il avait même étudié les moralistes français et aimait à citer Chamfort pour qui « en France on laisse en repos ceux qui mettent le feu et on persécute ceux qui sonnent le tocsin ».

Cela est fort bien trouvé et rien ne résume mieux l'état d'esprit qui préside à cette France que je découvre aujourd'hui. Je t'ai déjà entretenu de la façon dont tout le système fonctionne selon un étrange régime d'anarcho-tyrannie. Cette détestation de ceux qui disent la vérité en découle directement. Quiconque n'est pas en accord avec la *doxa* étatique, relayée avec diligence par les journalistes tant leur morale a fusionné avec celle qui préside à la conduite de l'État, est traité de « complotiste » ou « conspirationniste ». Il s'agit de décrédibiliser la parole de celui qui dénonce les menées inavouables de la caste au pouvoir et de ses laquais.

Ces étranges complotistes étaient il y a peu des gens pour qui toute l'explication des choses de ce monde relève de mystères occultes, de loges cachées et d'interventions extra-terrestres. Ils étaient d'excessifs rêveurs, paranoïaques et parfois ridicules. En désignant comme complotistes ceux qui mettent en question le discours du pouvoir, ce dernier ne cherche rien tant qu'à les discréditer ; voilà que celui qui alerte sur les conséquences terribles d'une politique néfaste est ravalé au rang de lunatique malfaisant persuadé que les pyramides d'Égypte, édifiée par des visiteurs cosmiques, sont un vaste avertissement à une catastrophe millénaire[16], ou croyant fermement à la possibilité de s'infiltrer au sein du globe terrestre qu'il imagine creux et constellé de villes merveilleuses.

Lettre XXII

De Issa à Mamoudou, en Creuse

Voici maintenant quelques semaines que nous sommes installés dans ce village d'un endroit appelé la Creuse.

Il faut bien reconnaître que nous sommes mieux logés qu'à Paris. Nous sommes une vingtaine, tous installés dans une école inutilisée, transformée en hôtel pour l'occasion. Tout porte à croire qu'il n'y a plus guère d'enfants dans ce village, ou si peu. Les personnes que nous croisons sont souvent âgées, et j'ignore ce que font les gens en âge de travailler. Il ne semble y avoir d'activité hors de l'élevage, et, bien que nous soyons installés correctement et sans payer, nous n'avons absolument rien à faire de la journée.

Les tensions au village n'ont point disparue, mais elles ont pris une tournure différente. Il y a ceux qui se méfient de nous et nous ignorent, s'éloignant autant que possible à notre approche, et ceux qui se réjouissent tous les jours de notre présence. Ces derniers ne diffèrent pas de ceux que

---

16 Sur le sujet on consultera avec profit les ouvrages de Graham Hancock qui ont une indéniable valeur poétique.

nous avons rencontrés ailleurs et sont bien souvent des gens qui ont passé toute leur vie à enseigner dans cet immense système d'instruction qui fait la fierté de la France et qui s'appelle Éducation Nationale. Désormais à la retraite, ils n'aiment rien tant que s'occuper de nous et organiser réunions et rassemblements pour convaincre le reste de la population des bienfaits de notre présence, bienfaits que j'ai en vérité moi-même du mal à saisir. Nous ne faisons rien de nos journées sinon deviser dans la cour de l'école en attendant l'heure du repas, qui nous est fourni trois fois par jour par la municipalité. Il paraît que c'est une obligation, et je crois que le maire commence à se plaindre de la charge que fait peser notre présence sur le budget de sa commune. Mais ma foi nous n'y pouvons rien et il faut bien nous nourrir.

Pour tromper l'ennui, certains jouent au football. Cela a attiré l'attention d'un entraîneur des environs, lui aussi professeur retraité, qui s'est mis en tête de former une équipe au complet. C'est bien la seule source de satisfaction tangible pour tous ceux qui se font les avocats de notre présence. Des journalistes venus de Paris l'autre jour pour enquêter sur l'enrichissement que nous apportons à la France se sont vus amplement vanté les mérites de ce renouveau sportif local : faute d'adhérent il y avait près de vingt ans que le club de football du village n'avait pas eu d'équipe.

Cette immense réussite cache bien mal le fait que la France est rongée depuis fort longtemps par ce qu'on appelle la désertification des campagnes. Les bonnes âmes généreuses des hautes sphères parisiennes qui ont présidé au plan consistant à nous envoyer ici et là dans les village de France avaient conçu l'idée qu'il suffisait d'implanter de nouveaux habitants sur tout le territoire pour lutter contre cette disparition de la population ; elles ont négligé de réfléchir au fait que si les Français abandonnaient progressivement leurs villages ruraux, c'était précisément parce qu'il n'y avait plus rien à y faire et qu'on y serait bien en peine de gagner sa vie. Dès lors, ce n'est certainement pas ici que nous autres, jeunes Africains pleins de vigueur et de bonne volonté, allons trouver à mettre à profit notre énergie. Nous coûtons désormais à la France des sommes quotidiennes pour notre logement et notre subsistance sans que nous ne puissions rien faire pour la payer en retour.

Certains s'accommodent de cette vie oisive, mais la plupart d'entre nous sentent bien que nous ne pouvons vivre ainsi éternellement, sinon à en devenir fous. Comme il y a peu à faire tu imagines bien que les gens ici ne sont pas bien riches. Nous sommes loin du faste que j'ai pu entrevoir à Paris. On ne trouve peut-être pas la misère sordide dans laquelle nous étions acculés sous les lignes du métro aérien de la capitale mais on voit des gens qui vivent chichement et sans aucune dépense superflue, bien loin du pays de cocagne que certains d'entre nous s'étaient figurés[17].

Certains d'entre nous ont disparus dès les premiers jours, ayant bien compris que cet endroit ne recelait rien pour nous. J'ai hésité avant de prendre ma décision, mais moi aussi je vais fuir et retourner à Paris, d'autant plus que depuis quelques jours des vols ont été signalés dans les environs, vols dont je soupçonne fort qu'un certain individu à la mauvaise mine qui fait partie de notre groupe se soit rendu coupable. Avant de faire face à la colère

---

[17] La Creuse est le département de France dans lequel la pauvreté monétaire est la plus forte, preuve que l'auteur de la lettre ne manque pas d'un grand sens de l'observation.

populaire qui ne manquerait pas de nous cibler tous, je préfère partir.

J'ai fait part de mon projet à Ousmane qui m'a dit que lui aussi ourdissait un semblable dessein. Il m'a même montré une certaine somme d'argent qu'il a collecté à cet effet et dont je me demande où il a bien pu la prendre. J'espère ne pas fuir en compagnie d'un voleur, ce qui me désignerait immanquablement comme son complice, mais c'en est trop. Demain à la faveur de la nuit nous allons reprendre la route et, avec l'aide d'Allah, nous trouverons bien le chemin de Paris, où cette fois je compte bien ne pas me faire surprendre par la misère des trottoirs.

Lettre XXIII

De Mamoudou à Issa, au village

J'ai une grande nouvelle. Je vais enfin pouvoir venir te rejoindre en Europe, et ce de la plus agréable façon. J'ai trouvé un moyen de faire le grand voyage en évitant les vicissitudes et les tourments dont tu as souffert : j'ai réussi à persuader Jacqueline de m'épouser ! Nous allons nous marier et cette union m'ouvrira toutes grandes les portes de la France si j'en crois ce qu'elle me dit. Il me semble même qu'il entre dans son union prochaine avec moi plus que de l'amour. Elle croit véritablement remplir un devoir moral et presque mystique. Elle se sent obligée d'accomplir cette action qu'elle estime autant charitable que sociale. Elle ne satisfait pas seulement son désir mais fait d'une pierre deux coups et participe grâce à l'officialisation de son plaisir à un grand mouvement humanitaire qui se double d'un projet grandiose pour régénérer l'Europe. Par son union avec moi, il lui semble participer de ce mouvement historique tout en satisfaisant les injonctions de sa chair dont je crois déjà t'avoir dit qu'elle n'est plus de première fraîcheur. Mais quoi, il faut savoir payer de sa personne si on veut trouver le chemin du pays de cocagne, et je crois être capable de prendre sur moi jusqu'à l'obtention des précieux papiers. Nous verrons bien ensuite.

Lettre XXIV

De Issa à Mamoudou, à Stalingrad

Me voici de retour à Paris, toujours en compagnie d'Ousmane qui a, je dois le reconnaître, mené notre évasion de main de maître.

Il nous a suffi de sauter dans un train et de faire semblant de ne pas comprendre ce qu'on nous demandait tout en agitant nos documents attestant de notre statut de futurs réfugiés pour qu'on nous laisse en paix, probablement plus par lassitude de la part des contrôleurs que par envie de nous laisser circuler librement. Quelques heures ont suffi pour nous ramener à Paris.

Ousmane s'en est allé directement du côté de Stalingrad. J'ai au début fort hésité à le suivre, car je connais la réputation de cet endroit où circulent bien des drogues et où se font bien des trafics, mais j'ai finalement accepté, confiant que ma bonne fortune ne me laisserait pas choir. Tu sais que j'ai toujours été un homme honnête, la volonté d'Allah ne peut pas être de me laisser égaré sur les chemins du crime. Pour ce qui est d'Ousmane, je n'ai guère été étonné de le voir attiré comme par un aimant vers ce lieu interlope.

Il me faut reconnaître cependant que ce genre d'endroit m'a fourni une belle opportunité. À peine étions-nous arrivés que j'ai rencontré un groupe sympathique de compatriotes africains. Tous étaient possesseurs de vélocipèdes et tenaient conciliabule sur la manière d'exercer au mieux leur profession. Je me suis approché d'eux qui avaient l'air plus sains et plus honnêtes que la population de drogués et de voyous que l'on ne croise que trop régulièrement en ce lieu.

Ces gens sont des livreurs de nourriture et m'ont assuré que l'emploi était certes rude mais accessible pour quiconque avait une grande motivation à pédaler par tous les temps pour un salaire faible – ce qui à mon avis valait mieux que pas de salaire du tout. Cette façon de gagner sa vie est fort originale. Il s'agit tout simplement d'enfourcher une bicyclette ou, pour les plus chanceux qui constituent en quelque sorte l'aristocratie du métier, un scooter motorisé ; dûment équipé d'un malinphone – accessoire indispensable pour quiconque souhaite survivre dans les villes de notre monde, ici plus encore que chez nous – le livreur reçoit alors des commandes de plats qu'il faut aller chercher dans un restaurant pour ensuite les livrer à domicile à quelque individu qui en a fait demande.

Ce métier me paraissait fort simple et bien agréable, car quoi de plus doux que de sillonner la plus belle ville du monde au rythme paisible du cycle pour en admirer l'architecture ?

Le seul obstacle venait de ce que je n'avais ni vélocipède ni papiers en règle qui auraient pu me permettre d'exercer cette activité, physiquement pour le premier et légalement pour les seconds. Il semble pourtant que rien ne soit impossible dans le pays des droits de l'homme, dans la lumineuse capitale qui éclaire le monde. Aussitôt dit aussitôt fait, un de mes camarades et futurs collègues me promit une bicyclette de bonne facture et en état de marche. L'acquérir était fort simple puisqu'il suffisait de s'adresser à un individu de sa connaissance qui en faisait commerce. Il n'en avait pas à disposition mais me donna l'assurance que quelques heures lui suffiraient pour trouver l'objet de mes désirs, et je pus rapidement constater qu'il ne mentait pas. Il ne lui fallut que quelques dizaines de minutes pour disparaître dans les rues du quartier puis revenir avec un vélocipède dont il semblait d'ailleurs pressé de se débarrasser et qu'il me vendit pour une trentaine d'euros. Cette somme est importante au village, puisqu'il nous faut près d'un mois pour la rassembler lorsque nous avons la chance de travailler, mais ici sache qu'elle n'est pas si importante qu'on le croit et qu'un billet de cette valeur est plus vite dépensé qu'il ne faut de temps à un lion pour fondre sur sa proie.

Je n'avais pas à disposition cette somme mais la solidarité africaine n'est pas un vain mot. Mon désormais camarade, que je nommerais Abdi, et qui avait une main coupée, me proposa aussitôt de m'avancer ladite somme. Sa générosité ne s'arrêtait pas là, puisqu'il était également disposé à me donner l'occasion de travailler – ou plutôt me la louer s'il faut employer le terme exact de notre accord. Il possédait les précieux papiers qui lui permettaient de travailler et se proposait généreusement de me sous-louer son poste en échange d'une partie de ma rémunération. Cet Abdi, dont je ne sais s'il est mon bienfaiteur ou un usurier, m'expliqua comment cela se pouvait.

Il faut pour entrer dans la confrérie des livreurs trouver un employeur, ou plus exactement un fournisseur de travail. Cela se passe de la façon suivante : il existe des entreprises qui proposent généreusement de faire de chaque homme de bonne volonté son partenaire. Ces entreprises proposent avec la même générosité à des restaurants de leur faire connaître des clients qui peuvent commander de la nourriture chez eux grâce à leur malinphone. Il suffit alors à l'entreprise de nous communiquer, toujours par la grâce du malinphone dont nul d'entre nous ne peut se passer, l'adresse du restaurant et celle du client pour que nous puissions nous assurer de la commande et la délivrer promptement. Pour être le partenaire d'une de ces compagnies point n'est besoin d'un contrat qui fait de vous un salarié, bien au contraire. Tout homme une fois accepté devient un partenaire indépendant. Il suffit simplement de prouver que l'on possède les précieux papiers et obtenir son inscription sur les registres de ces compagnies qui ensuite vous attribuent de façon variable des heures auxquelles vous allez rendre service.

Toute l'astuce vient de ce que le livreur n'est lié à la compagnie d'aucune façon et ne peut donc se prévaloir d'aucun droit sinon celui d'attendre qu'on lui distribue généreusement quelque créneau horaire contre une rémunération fixée au bon vouloir de la compagnie, qui cependant s'affranchit ainsi légalement de tout ce qu'on appelle en France « charges » et dont j'ai bien compris qu'elles permettaient d'obtenir une assurance en cas de chômage ou encore la certitude – dont certains m'ont assuré qu'elle était bancale – de ce que la société prendrait soin de vous dans vos vieux jours.

Nous sommes nombreux à vouloir exercer cette activité et cet Abdi avait le privilège de faire partie des registres d'une de ces compagnies. C'est donc sous son nom que je vais me mettre à sillonner la ville en lui payant une faible redevance, mais nombreux sont ceux qui comme moi sont encore trop heureux de trouver ainsi un moyen de subvenir à leurs besoins. Je suis même près de penser que tout cela est organisé, car la police, que je croise plusieurs fois par jour dans les rues de Paris, ne semble jamais vouloir s'intéresser à mon cas ni à ceux des autres, bien que nous formions une bande reconnaissable.

Lettre XXV

De Mamoudou à Issa, en France

Allah est grand ! Je n'ai pas eu à attendre le mariage avec Jacqueline pour prendre pied en France. Grâce à l'association dont elle est membre, j'ai pu obtenir une autorisation tout-à-fait officielle de visiter la France et j'ai pris l'avion avec elle en direction de sa Bretagne natale.

J'ai été fort surpris à mon arrivée. Il fait ici bien moins chaud que chez nous et tout semble gris, y compris les cheveux des gens ! Un petit comité issu de la fameuse association qui m'a permis de venir nous attendait à l'aéroport. Il était formé de personnes d'un certain âge auprès desquels ma Jacqueline aurait presque pu passer pour jeune. Tous tenaient de petites pancartes sur lesquelles étaient inscrits des mots de bienvenue en anglais[18], langue que je ne comprends guère, mais les sourires réjouis de ces gens étaient suffisamment parlant pour que je ne puisse me méprendre sur leur humeur. Tous étaient incroyablement heureux de mon arrivée et si j'ignore encore le motif de leur réjouissance – car je ne me croyais pas sympathique à ce point – je suis assuré de leur soutien. Il s'est même trouvé un homme, à vrai dire le seul de cette compagnie constituée uniquement de femmes,

[18] Le lecteur imaginera ici aisément la formule généreuse et réconfortante *Refugees Welcome !*

pour me confier qu'ils allaient se battre jusqu'au bout pour moi. C'était fort sympathique de sa part même si j'ignorais complètement de quel combat il parlait, mais il semble que ces gens en font grand cas.

Ces braves gens m'ont convié à ce qu'ils appellent un pot de bienvenue au cours duquel ils ont insisté pour me servir des jus de fruits en me disant très nettement que c'était par respect de ma religion qui, comme ils le savent, prohibe la consommation d'alcool. Je ne les ai pas détrompés bien que je ne souhaitasse rien tant que de pouvoir avaler quelque cocktail bien corsé comme nous en avons l'habitude au village dès qu'un grand événement se produit – et il s'en produit tous les jours chez nous comme tu le sais !

Enfin libéré de cette envahissante compagnie, nous avons traversé la ville pour nous rendre chez Jacqueline. J'ai une fois de plus été frappé par la forte proportion de personnes âgées. Il semble que tous les jeunes aient disparus. Partout je ne vois que gens ayant atteint l'âge mûr et au-delà, chose impossible dans notre village. Cette ville est composée pour un tiers au moins de gens qui chez nous seraient considérés comme vénérables et dont nous n'avons qu'un seul représentant par village.

Je me demande fort ce que peut devenir un pays qui compte une telle part d'anciens, qui pour beaucoup ne travaillent plus et sont à la charge des plus jeunes dont le nombre paraît insuffisant à les soutenir pour l'avenir. Je n'ose imaginer ce que serait notre village s'il en allait ainsi. Peut-être devrions-nous envoyer nos vieilles femmes chercher de la compagnie dans des pays où se trouvent des gens jeunes et vigoureux ?

Ce qui m'inquiète surtout est l'idée émise par certains qu'il me faudrait travailler pour pouvoir nourrir toutes ces bouches inutiles qui ne pensent qu'à voyager et à se réunir en associations pour nous « venir en aide » comme ils aiment à le faire savoir. J'ai suffisamment donné de ma personne et je compte bien me reposer en m'installant chez Jacqueline, dont j'attends qu'elle tienne sa promesse de pourvoir à mes besoins, au moins jusqu'à ce que notre mariage me permette d'obtenir les papiers tant désirés qui me donneront accès, comme elle me l'a si souvent répété, aux nombreuses aides dispensées par l'État français qui me permettront de vivre assez confortablement, si Allah le veut.

Lettre XXVI

De Issa à Mamoudou

Je ne saurais approuver ta démarche car j'ai toujours pensé que le travail est la seule solution pour un homme s'il veut vivre dignement et réussir, mais je comprends qu'il faille parfois savoir saisir l'occasion d'améliorer son sort.

En ce qui me concerne, je pédale sans relâche à travers les rues de Paris que je commence à connaître presque aussi bien que les cases de notre village. Le travail est dur, plus que ce que j'avais imaginé, et la concurrence rude. La compagnie de livraison à laquelle je loue mes services ne nous attribue que deux ou trois heures d'ouvrage par jour et il n'est pas toujours facile de gagner les sommes qu'elle nous avait fait miroiter au départ. Les malchanceux se voient imposer des créneaux durant lesquelles les commandes sont faibles et l'argent rentre peu, ceux qui ont le bonheur de tomber sur un créneau très actif sont pressurés sans cesse pour respecter d'intenables délais rythmés par l'omniprésent tintement du malinphone qui nous indique en permanence de combien nous sommes en retard. Il s'ensuit que nombre d'entre nous, et j'en suis, prennent parfois des risques insensés au mépris des plus élémentaires règles de circulation, mais nous ne pouvons faire autrement si nous voulons respecter les délais de livraison.

Lorsque le malinphone nous signale une commande, nous devons immédiatement nous rendre au restaurant concerné, dans lequel bien souvent nous ne sommes pas admis mais sommés d'attendre sur le pavé, qu'il pleuve ou qu'il vente. Il faut ensuite disposer la commande dans notre hotte en veillant bien à ne pas l'endommager et s'élancer à tout allure vers le client qui attend son repas. Bien souvent, nous arrivons devant des portes d'immeubles infranchissables et il nous faut alors appeler les gens qui attendent leur livraison. Il arrive souvent cependant qu'on nous ait donné le sésame, le code qui permet d'ouvrir les lourdes portes, en conséquence de quoi certains d'entre nous finissent par connaître l'accès à un grand nombre d'immeubles parisiens. Cette situation ne va pas sans inquiéter certains habitants qui voient là une menace potentielle à leur sécurité, et parfois à bon droit puisqu'il y a malheureusement parmi nous autres livreurs quelques mauvais sujets qui profitent de leur métier pour repérer ici ou là si un appartement ne recèle pas quelques biens de valeur.

Néanmoins les vols et violences ne sont heureusement pas si fréquents parmi nous car autrement nous serions tous discrédités et le métier ne serait plus possible. Toutefois une coutume répandue parmi nombre de mes collègues est de se servir dans la nourriture qu'ils acheminent. Tel ou tel n'hésite pas à manger une partie du plat qu'il convoie pour satisfaire à peu de frais son appétit. J'ai même ouï-dire que certains laissaient ainsi leur salive dans les plats au risque de diffuser germes et maladies aux clients.

Comme tu t'en doutes je ne pratique aucune de ces horreurs et je m'applique à exercer le plus correctement du monde, bien que j'avoue me trouver parfois obligé de prendre des libertés avec le code de la route en vigueur ; plus d'un feu rouge auquel les habitants de France doivent normalement arrêter impérativement leur véhicule m'a vu passer avec rapidité sans même ralentir.

Le consommateur ordinaire que je dois livrer est jeune et habite dans un petit appartement qu'il loue en général fort cher. Bien souvent de faible complexion ou au contraire accusant malgré la jeunesse un embonpoint excessif, le client commun nous parle à peine, sinon pour nous adresser un remerciement qui sonne forcé. Certains ne nous voient même pas et nous parlent moins encore, d'autres se répandent en une fausse sollicitude qui nous donne l'impression que notre situation est plus difficile que ce qu'elle est réellement. Tous les appartements que j'ai pu entrevoir se ressemblent désespérément. Les murs y sont blancs et on n'y voit qu'une décoration convenue qui peine à égayer les lieux. On croirait que tous se fournissent au même endroit pour leurs meubles, comme s'il n'y avait qu'un seul modèle d'appartement pour tous. Je croyais les Français dotés de goût, je me désespère de cette uniformité. Le fameux chic parisien qui fait rêver sur toute la planète semble s'être dissous dans une sorte de modernité qui a abandonné toute culture. Bien souvent le mobilier se résume à un écran démesuré auquel est branchée une console de jeux et à un canapé de mauvaise qualité dans lequel va s'affaler le client pour ingurgiter le repas que je viens de lui livrer sans quitter la télévision des yeux.

Il arrive cependant que je doive livrer dans des endroits autrement plus impressionnants : certains habitent des appartements immenses dont on se demande comment ils arrivent à les acquérir tant les prix des logements parisiens sont élevés.

Tu n'imagines pas le nombre de jeunes femmes seules que je suis amené à livrer. On dirait que Paris n'est peuplé que de ces célibataires qui travaillent la journée pour venir s'enfermer dans leurs petits appartement le soir et commander à manger afin de se nourrir en regardant sur un ordinateur un de ces feuilletons cinématographiques dont tous les Occidentaux semblent si friands. Si c'est là toute leur vie, je ne m'étonne pas que le pays regorge de vieux et soit en déficit d'enfants.

Je navigue ainsi à travers la vie cachée des Parisiens, qui m'apparaît comme bien triste et dénuée de joie de vivre. C'est peut-être ce qui me manque le plus depuis mon départ du village, cette agréable sensation d'exister en harmonie avec ses semblables même si la vie est matériellement difficile ; tous ces gens me paraissent agités de préoccupations futiles qui les dessèchent de l'intérieur. Ils en oublient de vivre et passent leur existence à attendre d'arriver enfin à une forme de stabilité qui sera déjà périmée quand ils l'acquerront.

Lettre XXVII

De Mamoudou à Issa, en Bretagne

Mon ami, mon frère, tu ne saurais imaginer dans quelle détresse je me trouve soudain !

À croire qu'Allah a décidé de me punir. Cette femme, cette vieille carne de Jacqueline, est insatiable et m'épuise.

Mes forces me quittent à devoir sans cesse la satisfaire, il semble qu'elle ne vive plus que pour se faire chevaucher par moi et je ne sais combien de temps je pourrais tenir ce rythme, d'autant plus qu'il me faut me forcer un peu plus à chaque fois. Je ne peux faire autre chose que de passer le temps qui me reste à dormir afin de réparer mes forces pour la prochaine sollicitation de cette diablesse de femme.

Ce régime infernal pourrait être supportable si je savais que le mariage et surtout les fameux et indispensables papiers qu'il m'apporterait étaient au bout de ce calvaire, mais il semble que cela aussi soit frappé de quelque sort. Jacqueline m'a annoncé aujourd'hui que malgré tous ses efforts, nos affaires n'avançaient guère et, pire encore, avaient suscité la méfiance de quelque administration qui soupçonne ce qu'on appelle un mariage blanc. Pour moi qui suis plus noir que l'ébène, c'est un comble ![19] L'association qui m'a permis de venir ici s'est mobilisée. Tous les jours on me garantit que l'affaire est en bonne voie et qu'elle trouvera bien vite sa solution, mais je commence à en douter. J'ai même rencontré un autre homme qui comme moi est venu se marier ici et à qui l'administration française fait les mêmes difficultés. Lui est Afghan et s'appelle Rani.

Rani est ici depuis plusieurs mois et m'a confié en être arrivé à une conclusion ferme et définitive : l'État français est plus tendre avec les gens en situation irrégulière que vis-à-vis de ceux qui sont en accord avec la loi. Le mariage, a-t-il conclu, n'est pas la bonne solution. Mieux vaut rester un immigrant clandestin. Je commence à me rendre à ses raisons.

---

[19] Humour d'un goût douteux que le lecteur progressiste pardonnera à l'âme fruste de l'auteur de cette lettre.

Le clandestin bénéficie de toutes sortes de largesses, et non des moindres puisqu'il peut se faire soigner de façon parfaitement gratuite aux frais de l'État, c'est-à-dire des Français dont la générosité semble sans limite. Avant qu'on ne puisse l'obliger à rentrer chez lui, si tant est que l'État le veuille, ce qui est fort rare, il existe une multitude de procédures, recours et autres tribunaux qui lui permettent de rester plusieurs années avant d'être inquiété sérieusement. Certains même n'hésitent pas à franchir quelques heures ou quelques jours la frontière d'un des pays limitrophes de la France pour revenir ensuite si par malheur ils font l'objet d'une tentative d'expulsion : les voilà revenus en quelques sorte à la case départ, prêts pour un nouveau cycle durant lequel ils auront tout loisir de continuer à prospérer en France.

Prospérer, mais comment me diras-tu ? Rani m'assure qu'il est facile de trouver quelques expédients pour survivre, et qu'il y aura toujours une de ces généreuses associations prête à accueillir, nourrir, vêtir votre corps et plaider votre cause.

Je veux bien croire sa dernière affirmation, puisque l'association dont Jacqueline est membre a décidé de porter mon affaire à l'attention du public. Grâce à quelques contacts que ces gens ont dans la presse locale, des journalistes sont venus nous visiter chez elle. Il a suffi de peu de mots de ma part mélangeant déclaration d'amour et envolées pathétiques sur ma souffrance pour que ces gens se pâment de satisfaction. Les voilà tout acquis à notre cause ! Ils nous font poser tendrement enlacés pour la photo qui viendra illustrer l'article qu'ils se font fort d'écrire, dans lequel s'opposera la froideur impitoyable et moralement indigne de l'État à l'histoire humaine et poignante d'un amour injustement contrarié.

Ces journalistes sont d'extraordinaires conteurs et valent bien certains de nos griots africains dont nous aimons à écouter les histoires merveilleuses le soir au village quand arrive la caresse de la nuit. Pourtant je ne suis pas certain d'avoir toute confiance dans le résultat de leur action ; j'ai déjà pris la décision d'employer une autre voie. Je vais fuir cette situation et suivre le conseil de Rani, cet Afghan plein de ruse qui m'a ouvert les yeux sur un moyen bien plus sûr de rester ici encore quelques années, et dans de meilleures conditions. Si Allah le veut, je serais bientôt tiré d'affaire et je n'aurais plus à m'échiner sur le corps de cette vieille bourrique dont les cris et les mouvements désordonnés pendant l'acte me rappellent bien plus ceux d'un animal qu'on cherche à transformer en repas que les élans sensuels et fougueux de nos femmes. Je t'en dirai plus bientôt.

Lettre XXVIII

De Issa à Mamoudou, à Paris

Je compatis à tes difficultés avec d'autant plus de force qu'il m'est arrivé une aventure étrange dont je crois qu'elle va m'ouvrir les portes d'une existence bien différente que celle que j'ai connue jusqu'à maintenant.

Comme tu le sais, j'ai passé ces dernières semaines à sillonner Paris en tous sens pour livrer de la nourriture à des gens que je croyais sympathiques mais qui sont en fait trop paresseux pour préparer eux-mêmes leur nourriture ou même trouver l'énergie de sortir en acheter. Certes, cela m'a permis de gagner quelques sous mais la fatigue et la lassitude commençaient à se faire durement sentir car le métier est difficile et la concurrence conséquente. Plein d'énergie à mes débuts, je me suis rapidement vu traîner de longues heures dans la rue avec d'autres pauvres hères qui tout comme moi attendaient impatiemment que le malinphone les somme de se mettre en route, ce qui arrivait de plus en plus rarement tant nous étions nombreux à exercer ce métier. C'est peut-être cette lassitude qui m'a fait prendre la voie tortueuse proposée par Ousmane.

Ousmane est comme tu le sais un jeune homme plein de ressources. Il a vite compris que nous étions destinés à n'être rien d'autre ici que les obscurs esclaves de cette population urbaine qui fait semblant de vouloir nous aider mais ne nous tolère en réalité que dans la mesure où nous pouvons la servir tout en lui donnant la satisfaction morale dont se repaissent les egos en quête de bonne action justificatrice et hypocrite. Ousmane a donc décidé qu'il fallait jouer sur cette corde particulièrement sensible et le faire savoir.

Il avait au départ l'intention de nous faire plaindre grâce à quelque journaliste qu'il avait rencontré en faisant commerce de drogue : il pensait convaincre cette personne de venir montrer notre misère, que nous aurions sans trop de peine exagérée, pour nous faire prendre en pitié et remarquer en même temps, ce qui nous aurait, espérait-il, amené aides et espèces sonnantes et trébuchantes. Ce plan lui a vite paru par trop aléatoire et il a décidé, avec son imagination débordante et son sens inné de l'entreprise, qu'il fallait offrir à la naïveté satisfaite des Occidentaux un héros à leur mesure qu'ils pourraient admirer ; héros exotique de surcroît qui leur ferait célébrer l'étranger plein de fougue régénératrice et d'altruisme salvateur, leur tendant ainsi le miroir de leurs fantasmes pour flatter leur vanité qu'ils croient être de la compassion.

Voilà toute l'affaire tel qu'Ousmane l'a échafaudée. Il a dans les clients réguliers de son commerce de drogue une jeune femme dont on ne croirait à la voir qu'elle s'adonne à ce vice, d'autant plus qu'elle est ce qu'on appelle ici une mère célibataire. Cela est d'ailleurs un aspect des mœurs européennes qui n'a pas manqué de m'intriguer. Il y a ici un nombre incroyable de femmes élevant seules leur enfant, et parfois leurs enfants. À croire ici que les hommes sont défaillants dans leur sens de l'engagement, lequel n'est compensé par aucune solidarité telle que nous en voyons chez nous, où une femme même mère de huit ou dix enfants, quel que soit le père, sera toujours assurée du soutien du village. Toujours est-il que cette femme a accepté, en échange d'un peu de la précieuse marchandise dont elle a tant besoin et que lui vend d'habitude Ousmane, de se prêter à une petite mise en scène impliquant son enfant.

Cela peut te sembler bien horrible, mais certaines gens sont capables de choses que nous ne soupçonnons pas quand il s'agit de se procurer la drogue à laquelle ils sont accoutumés. Tout le plan était de suspendre l'enfant au balcon d'un immeuble afin de faire croire qu'il s'était mis de lui-même dans cette situation dangereuse. C'était là qu'Ousmane me réservait le rôle gratifiant et central du sauveur qui allait grimper sur le bâtiment pour porter secours à l'enfant, pendant que lui ameuterait la foule des curieux et n'oublierait pas de filmer toute la scène à l'aide de son malinphone afin de m'assurer une célébrité instantanée dont il espérait qu'elle nous tirât d'affaire. Tout ce plan subtil me paraissait comporter un certain nombre de risques, à commencer par la mort de l'enfant qui, j'en étais certain, ne manquerait pas de lâcher prise au bout de quelques secondes. De plus, Ousmane avait négligé le fait que je n'étais pas sûr de réussir à grimper d'un balcon à l'autre. Je lui proposais de prendre ma place dans cet exercice, arguant que j'étais bien plus qualifié dans le rôle du badaud qui filmerait la scène, mais il ne voulut rien entendre et comme il était en quelque sorte le financier de l'opération, je dus me rendre à ses raisons.

Tu ne le croiras peut-être pas, mais toute l'opération s'est déroulée encore mieux que ce que nous avions envisagé. À l'heure dite, la mère dont Ousmane s'était assuré les services a accroché son enfant à l'extérieur de son balcon et s'est mise à pousser des hurlements pour ameuter les badauds. L'effet a été presque immédiat et voici dix, puis vingt, puis peut-être trente personnes qui avaient la tête levée pour observer le drame, dont tous ou presque avaient sorti leur malinphone pour filmer la scène.

J'ai ressenti un véritable trac d'artiste avant la représentation, et bien que je sache que l'enfant était attaché et qu'il ne devait pas réellement compter sur la force de ses jeunes bras pour se maintenir en suspension au-dessus du vide, aux prises avec la morte imminente en cas de chute, j'ai ressenti à la fois de la peur de de l'empathie. Mon courage, aiguillonné par les exhortations d'Ousmane, m'a poussé à entreprendre de grimper à cet immeuble. La chose n'était pas aisée, bien moins que ce qu'Ousmane m'avait affirmé, et j'ai manqué plus d'une fois de chuter et de devenir ainsi le clou d'un spectacle morbide, mais j'ai finalement réussi à atteindre l'enfant et à le hisser sur le balcon tout en détachant discrètement le filin qui l'assurait de ne pas tomber.

La foule m'a aussitôt fait une ovation et j'avoue que j'ai éprouvé une certaine fierté. Même si nous les avions trompés par notre petite mise en scène j'avais quand même joué un rôle risqué non négligeable en l'affaire. J'avais presque envie de les saluer tel un acrobate qui vient de montrer ses talents – et Ousmane aurait sans aucun doute pu exécuter le geste final et triomphant du prestidigitateur qui fait constater à la foule médusée la réussite de son incompréhensible tour. Mais ce n'était pas là son plan, bien au contraire : il s'était déjà éclipsé, laissant la foule faire le reste.

Je te conterai dans une prochaine lettre comment la chose s'est répandue comme une traînée de poudre grâce à quelques malinphones.

Lettre XXIX

De Mamoudou à Issa, à Nantes

Enfin un grand changement dans mon état ! Tu me parlais de la ruse subtile que tu as élaborée avec Ousmane. Il semble que la tromperie doive être notre lot dans ce pays dont les habitants, l'administration et les trop fameuses associations semblent se délecter d'être les victimes dont je ne saurais dire si elles sont consentantes ou naïves. Il y a une sorte de perversion dans cette propension des Occidentaux à se laisser tromper dès qu'il s'agit de bons sentiments. J'en viens à croire que leur plus grand plaisir est d'éprouver le sentiment d'être bons et altruistes, quel qu'en soit le coût. Ils sont comme ces drogués qui ne peuvent se passer de leur produit de prédilection, seul capable de leur rendre la sérénité que le manque leur a retiré. Cet opium est plus fort que tout et en vient à annihiler jusqu'à leur instinct de conservation. Pour avoir le sentiment de faire le bien ils sont capables de sacrifier leur sécurité physique et même celle de leurs enfants. Rien ne semble pouvoir les arrêter ni les raisonner quand ils perçoivent quelque moyen de faire le bien, c'est à dire de se mettre au service de l'autre pourvu qu'il vienne de loin et se dise miséreux.

Je ne m'explique guère cette maladie de l'âme qui les fait s'humilier et se sacrifier au-delà de toute mesure, mais je dois reconnaître que nous autres aurions tort de ne pas profiter de cette aubaine. Après tout, s'ils ne demandent qu'à tout nous donner, pourquoi ne prendrions-nous pas tout ?

C'est ainsi que sous l'influence de Rani, cet Afghan dont je t'ai déjà parlé, j'ai élaboré une ruse bien simple qui me garantit maintenant de ne plus craindre l'expulsion : je suis devenu ce qu'ils appellent un « mineur isolé », c'est-à-dire un jeune sans aucune attache familiale ni ressource, un enfant presque. Il suffit pour cela d'avoir moins de dix-huit ans selon leur loi et d'être livré à soi-même. Cela fait jeune, diras-tu, et un gaillard tel que moi qui a passé les trente ans ne saurait tromper son monde. Tout est là : si effectivement personne dans notre monde ne serait dupe d'une telle supercherie, il en va tout autrement dans le monde des Occidentaux qui fonctionne selon des règles très différentes des nôtres. Là où les hommes du village me corrigeraient sévèrement si je tentais de me faire passer pour un enfant, je suis ici cru sur parole. Une seule déclaration de ma part a suffi à me faire rajeunir de quinze ans. Je suis désormais un mineur dont l'État français doit s'occuper, vigoureusement stimulé par les fameuses associations qui m'ont déjà été si utiles pour arriver jusqu'ici. Il n'y a pas même à supporter l'angoisse d'une évaluation médicale qui doit normalement se pratiquer pour vérifier les dires de tel ou tel sur son âge. Les associations veillent à ce que de tels soupçons soient considérés comme indignes et elles ralentissent au maximum les procédures. Je n'ai donc aucun souci à me faire : comme je te l'expliquais plus haut, dès qu'il s'agit de faire le bien ces gens adorent se laisser abuser par les fables les plus grotesques et les plus délirantes.

Sitôt mon rajeunissement administratif opéré j'ai été pris en charge et j'ai trouvé une famille prête à m'accueillir en son sein. Pour cela encore une fois je n'ai eu aucun effort à faire, puisque nombre de ces altruistes se déclarent d'eux-mêmes auprès de ces associations qui nous les font rencontrer. Un sourire, un air triste mais digne et quelques anecdotes poignantes sur nos malheurs font le reste : ils nous ouvrent aussitôt leur cœur et leur demeure. C'est ainsi que je suis installé depuis deux jours dans une charmante maison habitée par un couple et ses deux filles du côté d'une ville appelée Nantes. J'ai évidemment dû aussi changer mon nom pour que Jacqueline ne puisse pas me retrouver, preuve que ce rajeunissement a été pour moi comme une nouvelle naissance. Je m'appelle désormais Faudé, j'ai seize ans et je suis accueilli à bras ouverts par cette famille. Le seul inconvénient de cette situation est qu'ils parlent déjà de m'envoyer à l'école, ce qui ne m'enchante guère, mais j'espère bien trouver un stratagème pour éviter ce désagrément.

Il est étonnant de constater à quel point les hommes veulent être trompés, ou sont prêts à fermer les yeux sur toute tromperie manifeste dès qu'ils ont décidé que les conséquences de leur aveuglement volontaire étaient bonnes pour eux, ce qu'ils reformulent en « bonnes pour l'humanité » afin de se dédouaner moralement de leur égoïste vertu tout en ressentant les délices de l'altruisme.

Qui pourrait seulement croire réellement qu'un gaillard de ma stature est encore un enfant ? Je ne le sais, et je n'arrive toujours pas à décider si ces gens qui m'accueillent sont des complices assumés de mon imposture ou des naïfs dont l'ingénuité confine à la bêtise.

Cette interrogation m'a poursuivi un temps jusqu'à ce que la réponse vienne d'elle-même. J'étais tranquillement assis au salon à savourer le confort de cette habitation européenne quand la femme du couple est venue me parler. Elle voulait savoir si je ne me sentais pas trop seul loin de mon village et me posait toutes sortes de questions de la même eau avec une sollicitude très marquée. Je me demandais où elle voulait en venir quand elle mentionna que son mari ne rentrerait pas avant quelques heures et que nous étions seuls dans la maison. Elle s'est ensuite approchée de moi et comme tu peux l'imaginer, il s'en est suivi ce qui s'en suit généralement quand un homme et une femme se retrouvent dans une grande proximité physique. Je n'étais à ses yeux plus du tout un enfant dans le besoin à accueillir mais un homme fait dont elle s'est assurée rapidement qu'il était en possession de tous les moyens qu'on lui attribue traditionnellement.

Tu te doutes bien que n'étant pas de bois, comme on le dit ici pour signifier que nous ne sommes que des hommes soumis aux choses sensibles, je n'ai pu refuser de saisir l'opportunité et de satisfaire aux exigences de la dame. J'étais un invité chez elle et il aurait été impoli de ne pas se plier à ses requêtes. J'aurais même risqué de la vexer, et tu connais les ruses dont les femmes dédaignées sont capables : elle n'aurait pas manqué de m'accuser d'avoir voulu la forcer et j'aurais pu me retrouver à la rue, ou pire encore, si je n'avais accepté ses avances. Tout bien pesé je ne faisais qu'assurer mon avenir et ma sécurité !

Une fois toute l'affaire menée à bien, et à la grande satisfaction de ma bienfaitrice, il faut le dire, je repris ma contenance de jeune réfugié juste à temps pour le retour du mari qui n'a paru se douter de rien. Sans le savoir, j'avais cependant pris une pente fort savonneuse qui m'a emmené vers d'autres aventures que je te conterai plus tard.

Lettre XXX

De Issa à Mamoudou

Je serai toujours surpris de la vitesse avec laquelle le destin peut basculer dans ces sociétés occidentales dont le rythme est si différent de l'écoulement long et paisible du temps dans nos villages africains. Un jour tel homme n'est rien qui devient le lendemain le centre de toute l'attention, mais soumis au risque permanent de retourner au néant en quelques instants. La gloire est ici plus transitoire que nulle part ailleurs et se fabrique par les désirs d'un petit nombre de gens plutôt que par les actions honorables et méritantes de l'individu.

C'est ainsi que l'exploit orchestré par Ousmane à mon bénéfice – et au sien, il faut bien le reconnaître, car ce diable d'homme ne fait jamais rien qui ne puisse lui rapporter quelque avantage – a été porté à la connaissance d'un nombre immense de personnes grâce à la puissance et la grande magie d'internet. Mon exploit dûment filmé par quelques malinphones s'est propagé tel un virus, et ce avec une telle magnitude que la caste journalistique qui décide en France de l'opinion n'a pu l'ignorer. Prudente, rusée et opportuniste, cette caste a bien compris tout l'intérêt qu'elle pouvait tirer de mon exploit. J'étais en quelque sorte à peine redescendu de l'immeuble sur lequel il m'avait fallu grimper que j'étais assailli par ces gens qui tous voulaient me connaître et m'entendre parler. Ils n'ont pas été longs à me trouver et à forger ma légende. J'ai même appris au hasard de quelque commentaire d'un de ces plumitifs qui forment la piétaille médiatique que j'avais été abandonné par mes parents et obligé de fuir la guerre qui, paraît-il, avait ravagé mon village. J'avoue que j'ignorais tout de cette guerre mais il a bien fallu que j'en admette publiquement l'existence pour faire avancer ma cause.

Tu sais à quel point je déteste le mensonge et l'inexactitude ; j'ai toujours essayé d'être un homme droit et honnête, conformément à l'esprit dans lequel nos anciens nous ont élevés, mais j'ai aussi vite compris qu'il fallait que je m'adapte à cette société dont le mensonge semble être l'élément naturel, tout comme l'eau l'est aux poissons. Sous l'influence d'Ousmane j'ai vaincu mes réticences. Tout n'était plus désormais que la conséquence de notre coup monté initial. Maintenant que le vin de palme était tiré il fallait le boire jusqu'à la dernière goutte. J'ai ainsi dû céder aux sollicitations d'une femme journaliste qui voulait absolument m'interroger sur les circonstances de mon acte héroïque qui selon elle n'avait pas d'équivalent connu jusqu'ici. J'étais pour elle le héros absolu qui allait montrer au monde que nous autres migrants, pauvres hères accourus de toutes les régions déshéritées du monde vers la prospère Europe, étaient animés d'un courage et d'un altruisme que la population autochtone des pays hôtes devait prendre en exemple. Par ma force, mon audace, ma générosité, j'étais le nouveau modèle que cette société se devait de suivre pour vaincre ses petitesses, ses replis, ses peurs. Je devenais un symbole de ce qu'ils appellent ici « l'ouverture », concept dont je n'ai pas saisi toute la portée mais qui semble être d'une importance fondamentale et dont j'ai cru comprendre qu'il désignait la nécessaire capacité, l'obligation morale même, à trouver absolument extraordinaire tout ce qui vient de notre belle Afrique, ou d'autres endroits pas toujours recommandables du monde. Pour ces gens, tout ce que nous abandonnons chez nous est à la fois suffisamment terrible pour nous pousser à l'exil mais immensément valable pour réformer les sociétés dans lesquelles nous arrivons, et qui ne seront jamais assez « ouvertes ».

Cela est un paradoxe qui dépasse ma compréhension, mais je n'ai pas eu besoin de développer le sujet par moi-même. La journaliste me posait de longues questions qui exposaient tout ce dont je viens de t'entretenir ; il ne me restait plus qu'à répondre « oui » avec tantôt un sourire quand on louait mon courage et mon esprit d'à-propos, tantôt un air grave quand on évoquait les difficultés que j'avais traversées, mais qui pourtant, comme ne manquait jamais de le souligner la journaliste, n'avaient pas émoussé mon sens du partage, de l'entraide et du sacrifice.

Me voilà donc propulsé au rang de héros et de vedette grâce au stratagème d'Ousmane dont je dois reconnaître qu'il a fonctionné au-delà de nos espérances. Lui-même est resté dans l'ombre mais n'a jamais manqué de me prodiguer ses sages conseils. Il est d'ailleurs plus rusé encore que ce que j'imaginais, puisque lorsque nous avons regardé le soir même mon interview sur la chaîne d'informations télévisées en continu, il apparaissait quelques secondes après moi, présenté comme mon frère par cette même journaliste à qui j'avais donné quelques réponses succinctes. J'ai donc un nouveau frère grâce à cette caste médiatique qui est capable d'opérer de grands miracles par la seule force de son verbe !

J'en étais encore à me demander comment Ousmane avait prévu de tirer quelque avantage matériel de cette situation quand le destin, décidément aiguillonné par notre notoriété soudaine, est venu nous faire une offre que nous ne pouvions refuser, et dont je t'entretiendrai dans une prochaine missive.

Lettre XXXI

De Mamoudou à Issa, à Nantes

Mon frère, comme je le craignais, les ennuis n'ont pas tardé à arriver après que j'ai cédé à cette femme. Je crois bien que les Occidentaux gagneraient à mieux surveiller leurs épouses, car leur accorder trop de liberté amène immanquablement des ennuis de toutes sortes, Allah m'en est témoin. Je ne sais pourquoi Il m'a jeté dans de telles complications !

Cette femme s'est révélée presque aussi insatiable que la vieille Jacqueline, et je soupçonne fort que son mari ne remplissait plus depuis longtemps son devoir conjugal si j'en juge par l'ardeur avec laquelle elle se livre à moi. Cela m'occasionne une grande fatigue et un stress permanent car je crains que le mari ne découvre la chose et ne me jette à la rue.

L'événement ne s'est d'ailleurs pas fait attendre, et je crois bien qu'il a tout découvert. Cette femme m'avait une fois de plus attiré à elle, sachant pourtant que son mari était dans la maison occupé à quelque tâche ménagère que les couples occidentaux, pour une raison qui m'échappe, partagent entre le mari et la femme, au mépris des lois naturelles qui veulent que l'homme s'occupe de chasse et que la femme prenne soin du foyer. Il m'a même semblé qu'elle prenait un surcroît de plaisir à cette situation que je jugeais pour le moins périlleuse. Afin de mieux nous dissimuler elle m'a emmené vers le garage dans lequel se trouve leur voiture, endroit propice à notre affaire. J'étais en plein action quand j'ai vu à travers la porte menant à la maison que nous avions malencontreusement laissée entrouverte la silhouette du mari passer furtivement. Je crois bien qu'il avait tout saisi de la situation mais il n'est aucunement intervenu pour faire cesser l'affront et s'est montré d'une discrétion absolue sur la chose dans les heures qui ont suivies.

Le soir même, alors que nous étions tous rassemblés pour le repas familial, j'ai perçu une légère contrariété lorsqu'il nous a servi à manger. Son regard évitait le mien, mais rien de plus n'est venu troubler la paix de ce ménage, sinon l'exhortation un peu sèche de sa femme qui le pressait de s'occuper plus prestement de nous apporter à manger.

Il me faut d'ailleurs te donner un petit aperçu de ce que mangent ces gens. Je m'attendais à une abondance de viandes et de mets succulents comme en consomment, à ce que nous imaginons quand nous sommes au village, les nantis de ce monde. Il n'en est rien. Figure-toi que malgré leur évidente générosité ces gens ont des goûts austères. Ils n'aiment rien tant qu'une sorte de nourriture appelée quinoa, qui manque de goût et reste lourdement sur l'estomac. Tout ce qu'ils achètent doit impérativement provenir de ce qu'ils appellent un « producteur local » et porter l'inscription « bio » qui garantit que cette nourriture est parfaitement saine. Je ne sais si elle est plus digeste et meilleure pour la santé qu'une autre, mais je dois avouer que tous les aliments estampillés ainsi ont le même goût fade, comme s'ils étaient faits de carton. Cette nourriture est presque une religion pour eux et ils s'abstiennent la plupart du temps de viande par respect pour ce qu'ils appellent la « condition animale ». Ils sont effrayés quand je leur raconte les quelques expéditions de chasse que nous faisions au village et dont j'exagère le côté aventureux pour leur donner du relief – car j'imagine que le récit des quelques poulets auxquels nous tordons le cou avant de les plumer pour nos repas de fête les décevrait un peu.

Leur réaction à ces descriptions de chasse est une horreur mêlée de compassion et de compréhension, car, ainsi qu'ils me l'ont répété maintes fois, il ne faut pas juger les cultures étrangères qui pour eux valent bien la leur. En ce qui me concerne, je trouve bien plus commode de pouvoir acheter une viande au supermarché le plus proche, mais il leur semble plus pardonnable de se repaître de gibier quand on vit dans un village africain. Eux d'ailleurs consomment surtout ce substitut de chair insupportable qu'on appelle *tofu*, qui est un succédané de viande issu du soja. Cela n'a évidemment aucun goût mais cette famille en dit toujours le plus grand bien chaque fois que nous en mangeons, ce qui se produit souvent.

Je me suis enquis auprès de mes hôtes de ces habitudes culinaires, moi qui imaginais la France si différente. À leur grand regret, elles ne sont pas assez répandues dans le pays et ils déplorent que la plupart des gens soient encore rétifs à adopter ce qu'ils appellent une « consommation responsable ». À leurs yeux il faudrait que l'entièreté du pays soit végétarienne, ce qui serait un bénéfice pour la santé et sauverait la planète qui, selon eux, est en grand danger à cause de toute cette viande que mangent leurs compatriotes. Ils me font même l'éloge de la diète africaine, qu'ils trouvent fort respectueuse de l'environnement. Je ne les ai pas détrompés car ils semblaient très heureux de me chanter les louanges de notre beau continent, qu'ils avaient d'ailleurs visité pendant une semaine quelques années auparavant, mais je songeais à part moi que le manioc et le mil qui forment l'ordinaire de tant de nos frères africains gagnerait grandement à être agrémenté d'autant de viande qu'il est possible d'en trouver ici. Pour dire le vrai, je ne crois pas qu'il se trouve un seul de nos villages dans lequel serait accueilli avec joie ce régime de quinoa et de tofu.

Porté par ces réflexions sur la nourriture, je me demandais si la consommation de ces mets écologiques ne rendait pas les hommes chétifs et soumis. Songe seulement à la force de nos plus grands athlètes, à ces magnifiques colosses qui pratiquent la lutte chez nos frères Sénégalais ! Comment pourraient-ils seulement survivre s'ils ne se nourrissaient pas correctement. Quel contraste avec cet homme pâle et sans puissance qui laisse sa femme se faire chevaucher par moi ! Ne manque-t-il pas de la virilité nécessaire à cause de sa diète austère ? Sa personnalité effacée me fait peine, je crois que je le respecterais un peu plus s'il s'était mis en colère contre moi, ainsi que n'importe quel homme l'aurait fait chez nous après m'avoir surpris avec sa femme. Mais c'est bien là notre malheur et le sien : à force de ne se heurter à aucune barrière, le fougueux tempérament de l'un tend à se renforcer d'autant plus que l'effacement de l'autre s'accentue. Je commence à comprendre comment, avec de tels hommes, les gens d'ici laissent libre cours aux mauvaises actions des pires de nos semblables.

C'est justement ce qui s'est produit quelques jours plus tard. Rani, cet Afghan qui m'avait fourni l'idée de devenir un mineur isolé, se faisait lui aussi passer pour plus jeune qu'il n'était mais n'avait pas encore trouvé de famille d'accueil, peut-être en raison de la barbe qu'il laissait pousser depuis quelques temps et qui lui donnait un air farouche. Je te conterai bientôt le drame terrible dont il a été l'acteur principal et dans lequel il m'a entraîné malgré moi.

Lettre XXXII

De Issa à Mamoudou

Nous voilà invités partout Ousmane et moi. Les journalistes se sont emparés de mes exploits et il semble que plus rien n'existe hors cela. Tous veulent tout savoir et nous répétons inlassablement la même histoire, dont Ousmane avait eu bien raison de la forger en détails avant toute chose. Je dois reconnaître là une forme de génie.

À force de raconter jusqu'à la nausée la façon dont je suis censé avoir sauvé l'enfant au balcon, je finis par croire moi-même à cette histoire. Elle me paraît plus vraie que tout le reste de ma vie. Partout je la vois en boucle à la télévision ou dans les journaux, sur l'internet ici et là, à tel point que cette tranche mensongère de mon existence devient plus réelle que tout le reste de ce que j'ai vécu[20]. C'est une sensation très étrange que de voir se développer cette vie parallèle qui compte plus que la vie véritable et qui surtout est génératrice d'effets bien réels que paradoxalement la vie véritable est incapable de produire. Ainsi le faux, le récit fabriqué, à force de s'imposer et de se raconter, vient non seulement faire croire qu'il est plus vrai que tout mais de surcroît fabrique la réalité. Je n'aurais pas cru à ce phénomène si je n'en avais été le témoin direct et le sujet principal.

Notre vie de héros migrants africains est ainsi tombée dans les rets de ces journalistes qui n'ont eu cesse d'en faire une légende extraordinaire et une fable morale. Il nous a fallu raconter les tribulations qui nous ont menées jusqu'ici mais aussi les voir modifiées à l'envie pour qu'émerge

---

20 L'auteur, pour fruste qu'il soit, retrouve naturellement les visions de Philip K Dick et de Pierre Bourdieu.

enfin une belle histoire mêlant pathétique et vision d'espoir. Les détails sordides qui ont été la trame de nos difficultés quotidiennes ont été évacués au profit d'une vaste et belle fresque de souffrance et d'abnégation qui ne présente que notre errance volontaire, faite de privations et parfois d'humiliations, mais qui jamais ne mentionne nos propres turpitudes. Tout cet Occident ne veut voir qu'en nous des gens malheureux mais courageux, prêts à tout endurer pour rejoindre l'Europe avec un cœur pur et une âme innocente, comme si nous ne connaissions pas le mal.

Ousmane et moi leur donnons évidemment ce qu'ils attendent de nous, et je dois avouer que tout cela est souvent bien agréable car nous sommes traités comme des gens importants, situation qui est vite grisante et à laquelle déjà je sens que nous sommes habitués. J'essaye à toute force de garder à l'esprit que toutes choses sont transitoires et que cela ne pourra pas durer éternellement mais il est bien difficile de conserver sa lucidité, surtout dans un monde où le mensonge est la règle et ou tel vous fait mille et mille promesses, qui toujours envoient au lendemain.

Cependant la Fortune était de notre côté car avant que notre notoriété médiatique de quelques jours ne s'évapore, un habile avocat, personnage dont toute la vie semble être vouée à la cause des migrants en général et à la nôtre en particulier, et qui possède les meilleures introductions parmi les gens qui comptent en politique, nous a pris en main, bien décidé qu'il est à nous donner de l'envergure. Voilà qu'est venue la fameuse proposition dont je te parlais dans ma précédente lettre et qui nous a pris par surprise : on nous dit que le président de la République en personne souhaite nous rencontrer.

Lettre XXXIII

De Mamoudou à Issa, fuyant Nantes

Le malheur, le terrible malheur a frappé par la personne de Rani, cet Afghan dont je t'ai entretenu plusieurs fois et dont je ne sais d'ailleurs s'il est réellement afghan car le drôle se présente sans cesse sous des identités différentes selon qu'il a en face de lui un membre d'une association favorable à son sort, un policier, un simple quidam ou un frère d'infortune comme moi.

Rani ne trouvant aucune famille d'accueil, j'ai cru bon d'intercéder auprès de la femme du couple qui m'héberge, dont tu te doutes bien qu'elle ne peut guère me refuser de faveur. Voilà donc que j'obtiens pour Rani la possibilité de venir passer quelques semaines dans ce foyer accueillant. À peine fût-il arrivé je pressentis qu'il allait se produire quelque funeste chose. Il se répandait en salamalecs mielleux contrairement à son habitude et prenait un air innocent et soumis que je ne lui connaissais pas et que je trouvais tout-à-fait faux. Je voyais lorgner vers les filles de la maison dès que les parents s'éloignaient. J'aurais dû m'en inquiéter mais il était déjà trop tard, et il n'a pas fallu trois nuits pour que des bruits et des cris ne réveillent toute la maisonnée. Rani s'était introduit dans la chambre d'une des filles dont je crois qu'elle n'avait pas treize ans et avait entrepris ce que tu peux imaginer.

Pleurs des jeunes filles, émotion et choc des parents submergeaient la maisonnée alors que Rani tentait d'expliquer qu'il ne faisait qu'acte d'amour et conservait un sourire idiot et soumis durant tout l'esclandre que son acte avait provoqué. Quant à moi, je me sentais fort honteux. Je ne pouvais me départir d'un certain sentiment de culpabilité car j'étais responsable de l'arrivée de Rani parmi nous.

Mais tout cela ne fut rien comparé au spectacle auquel j'assistais ensuite. Les parents s'assirent en silence dans le salon après avoir congédié les filles. Rani se tenait dans un coin et attendait que son sort soit tranché. Représente-toi que tout le débat qui s'est alors tenu entre les parents des jeunes filles outragées était de savoir s'il fallait livrer Rani à la justice ou non, car il risquait fort d'encourir une peine de prison et surtout une expulsion vers son pays d'origine, ce qui aurait pu l'exposer à un sort peu enviable puisque tous ses efforts de migration auraient été ainsi réduits à néant. Ce couple se demandait donc si cet Afghan qui avait peut-être lu Victor Hugo en farsi, si tant est que ce soit la langue littéraire qu'on peut pratiquer dans son pays comme le croient certains journalistes français[21], ce dont parfois je doute, devait être livré à la main implacable de la justice ou si bien au contraire, et suivant ainsi les préceptes dudit Victor Hugo, il fallait tout faire pour lui épargner une peine bien cruelle.

C'est peut-être le témoignage le plus effarant et le plus choquant que j'ai eu à connaître de la folie qui règne dans le cerveau des Occidentaux. Que penser en effet de personnes qui débattent de l'outrage suprême fait à leur fille, qui le mettent en balance avec l'avenir du criminel qu'ils hésitent à livrer au bras implacable de la justice ? Ils ont perdu toute vitalité car ils n'osent même plus défendre comme il se doit leurs enfants. À dire le vrai je ne donne pas cher de peuples qui ont abdiqué à ce point tout instinct de préservation et de défense. N'importe quel père sensé aurait aussitôt chez nous puni durement le coupable avec l'aide de tout le village. Notre justice est peut-être parfois

[21] L'auteur de la lettre semble connaître Yann Moix.

d'une brutale sobriété, ce qui nous est souvent reproché, mais il me semble qu'à trop réfléchir au sort des criminels on perd de vue la simple idée de protection des membres honnêtes et parfois vulnérables de la société. À force de sophistication et d'arguments humanitaires, ces gens ont fini par perdre le sens de la justice et l'amour d'eux-mêmes.

Ce désolant spectacle ne semblait jamais vouloir finir, à tel point qu'à un certain moment je sentis monter en moi le désir de faire justice à la place de ces indécis. Je n'eus cependant pas à en venir là car les parents finirent par signifier à Rani qu'ils allaient le remettre à la police, tant son méfait était grand, mais non cependant sans presque s'excuser auprès de lui.

Aussitôt qu'il eut compris que son sort risquait de devenir bien défavorable, il changea du tout au tout et je vis immédiatement revenir la lueur d'intelligence maligne dans ses yeux. Il essaya bien de plaider sa cause en prétextant que c'était la jeune fille qui l'avait attiré dans son lit puis, constatant que cette excuse ne semblait pas trouver la faveur des parents, expliqua que ce n'était point lui le responsable mais la nature impétueuse qui avait agi à travers lui, nature dont il fallait satisfaire les exigences sans possibilité de résister.

Pendant un moment je crus que les parents allaient tomber dans le piège et accuser leur fille d'être à l'origine du comportement de Rani, mais ils résolurent de s'en tenir à leur décision et appelèrent la police. Rani n'attendit pas son reste : avant même qu'ils n'aient pu s'exécuter, il fuyait déjà dans la nuit.

Tu imagines bien qu'ayant à ma grande honte introduit ce sinistre personnage dans cette famille je ne pouvais plus longtemps profiter de son hospitalité. Je résolus donc de les quitter malgré leur insistance à me garder près d'eux. Pourtant, j'étais loin d'en avoir fini avec ces funestes aventures, comme je te le raconterai dans une prochaine lettre.

Lettre XXXIV

De Issa à Mamoudou, au Palais de l'Élysée

Je conçois les terribles aventures que tu me contes et j'espère sincèrement que Allah te tirera de ce mauvais pas et remettra Rani dans le droit chemin de la justice et de la vérité.

Pour ma part, Allah s'est montré généreux puisque Ousmane et moi évoluons désormais près des sommets de la société alors qu'hier encore nous n'étions rien. Les Français appellent cela « ascenseur social », un mouvement mystérieux et impalpable, d'origine quasi-divine, qui permet aux plus humbles de s'élever grâce à leur talent et à leur travail acharné. Dans les hautes castes que nous fréquentons maintenant, tous n'aiment rien tant que d'en parler pour montrer au bas peuple combien il est facile de s'élever. De l'aveu même du président en exercice il suffit de traverser la rue pour aussitôt trouver un emploi qui vous garantira richesse et prospérité.

Je dois dire qu'en fait d'ascenseur il est fort heureux qu'après notre petite mise en scène nous ayons été pris en charge par un homme de loi possédant ses entrées chez tous les grands de ce pays. À peine avons-nous été associés à cet homme que toutes les portes se sont ouvertes et que tous ne manquaient pas de s'extasier sur notre exploit - exploit sur lequel je n'aime d'ailleurs guère m'étendre tant je sais qu'il est toujours mauvais de tirer orgueil de ses mensonges. Il faut que tu comprennes qu'en fait d'ascension sociale tout n'est qu'horizontalité, car rien ne peut se faire en France sans l'entregent d'un grand nombre de personnes, toutes liées par la naissance, le mariage ou la place dans la hiérarchie sociale. On appelle cela « avoir du réseau », expression qui désigne l'appartenance à une caste. Cela offre la certitude d'une bonne situation, car fort de l'assurance que vous lui rendrez un jour la pareille, tel ou tel facilitera votre emploi et votre réussite. Tous peuvent en bénéficier, pourvu qu'ils fassent partie de la minorité déjà bien installée, faute de quoi la caste leur restera impénétrable. Certains comme nous autres connaissent par exception la chance d'une promotion sous réserve qu'ils puissent servir momentanément les desseins de quelque membre d'un cercle de privilégiés.

Nous avons été reçus partout, et à chaque fois ces gens tenant haute fonction nous souriaient et nous complimentaient, pourvu que quelqu'un leur ait dit qui nous étions auparavant. Il est parfois difficile de reconnaître la qualité d'une personne à sa seule apparence comme je l'ai appris à l'occasion d'une petite mésaventure. Nous attendions Ousmane et moi dans le couloir aux ors impeccables de quelque bâtiment officiel d'être reçu par un personnage important. Nous étions assis dans de confortables fauteuils issus d'une époque reculée qui nous donnaient l'impression d'avoir été transportés dans l'un de ces films historiques européens que nous captons parfois au village quand l'antenne voisine fonctionne. Un homme à la mine austère et au costume assorti passa devant nous et prit un air offusqué. Il fit mander un de ses subordonnés pour lui demander ce que des agents de nettoyage faisaient à se prélasser dans le salon réservé aux visiteurs de marque. Le subordonné en question eut bien des difficultés à lui expliquer que nous n'étions pas les employés chargés du ménage mais bien les héros que l'on attendait. Le personnage important changea alors du tout au tout : avec force sourires et salamalecs il nous souhaita la bienvenue et ne manqua pas de nous expliquer que l'innocent quiproquo dont nous avions été l'objet venait du fait que son administration faisait justement la promotion de ce qu'il appelait « diversité » et qu'en l'espèce, il nous avait confondu avec deux recrues de ses services généraux, recrues dont il était d'ailleurs, ne manqua-t-il pas de mentionner, très fier, non sans ajouter avec emphase qu'à ses yeux la couleur de peau ne comptait pour rien, que c'était justement tout le sens de son engagement et toute la beauté de la République que de rester aveugle à l'aspect particulier d'un homme car elle ne perçoit en lui que ce qu'il a d'universel, et enfin, conclut-t-il, cela ne le gênait absolument pas que nous ayons la peau d'ébène des profondeurs de l'Afrique, bien au contraire.

Ce fut un moment quelque peu malaisant et nous ne pûmes que sourire pour montrer que nous n'étions pas le moins du monde offusqués par cette confusion. Le personnage important nous expliqua ensuite combien nous étions des individus extraordinaires et combien le président de la République en personne serait heureux de nous recevoir. Il lui revenait d'organiser cette rencontre de sorte qu'elle se passât au mieux, et je commençais à comprendre que cela signifiait au mieux pour le président, tout en espérant que nous pourrions trouver pour nos personnes quelque issue favorable dans ce dispositif.

Quelques heures d'attente à peine et nous fûmes Ousmane et moi appelé à rencontrer le président de cette république si fière de ne pas voir la singularité des hommes, toujours dûment cornaqués par notre ami avocat qui ne savait plus où donner de la tête et ne laissait aucun répit à son malinphone, qu'il utilisait en permanence pour écrire des messages ou dialoguer avec d'importants personnages dont l'un d'eux, à ce que nous avons pu comprendre, lui avait promis une décoration officielle du nom de Légion d'Honneur pour son action en notre faveur. La perspective de cette médaille le plaçait dans des transes étonnantes et me faisait remettre en question les moqueries que certains esprits mal intentionnés à l'égard des peuples d'Afrique ne manquaient pas de faire quant à l'attrait puéril qu'auraient eu nos ancêtres pour la verroterie sans valeur que les Européens venaient leur échanger contre des marchandises bien plus précieuses. Nous autres Africains sommes parfois moqués pour notre goût du clinquant mais je ne crois pas que ces Français si imbus de leur position soient bien différents quand il s'agit de colifichets honorifiques. Nous sommes vaniteux naïvement, ils le sont avec prétention et cynisme.

Cette vanité jouait cependant en notre faveur, puisqu'enfin nous avons été introduits auprès du président en personne qui a tout voulu savoir de nous et de notre histoire, et s'est montré fort intrigué de nos origines. Nous étions à n'en pas douter une curiosité ; il semblait que chacun dans l'entourage du président se demandât « Comment peut-on être Ouaquandais ? » tant il est flagrant que ces hommes sont ignorants de tout ce qui ne gravite pas dans leur entourage direct. L'Afrique semble pour eux un mot, une idée, bien plus qu'une réalité charnelle, et il en va de même pour ce qu'ils imaginent des Africains.

Le président est un homme bien singulier. Il nous a reçu très cérémonieusement avec force sourires puis nous a invité à nous asseoir non loin de lui d'une manière fort déliée qui contrastait avec la solennité des lieux. C'est un homme que je ne m'attendais à pas à voir si jeune et qui immédiatement semble vouloir vous séduire. Je ne pouvais cependant m'empêcher de me dire qu'il y avait quelque chose de faux dans son attitude. Il nous a questionné sur mon exploit et nous a complimenté sur notre forme physique et sur nos muscles, qu'il a même demander à tâter afin d'en mesurer la fermeté. J'ai accepté mais le contact de sa main qui remontait doucement le long de mon avant-bras a créé en moi un malaise indéfinissable dont je n'osais comprendre la raison, et j'ai promptement retiré mon membre. Cela n'a pas refroidi son enthousiasme ; d'ailleurs il semblait tout particulièrement intéressé par le jeune Ousmane et a aussitôt accepté lorsque celui-ci lui a demandé de prendre une photo avec lui. Le président s'est mis tout contre Ousmane et je n'ai jamais vu alors sourire plus sincère et plus exalté, regard plus pétillant d'enthousiasme. Il était manifestement fort heureux de nous voir et de nous toucher pour savoir, je suppose, si nous étions bien réels. Après force compliments sur nos complexions respectives mais aussi sur notre courage immense, une femme très mûre s'est approchée du président et lui a murmuré quelque chose à l'oreille.

Il faut que je dise quelques mots de cette femme que je croyais être la mère du président mais qui est en réalité son épouse. Tout homme de pouvoir, surtout dans nos villages d'Afrique, cherche à attirer à lui les femmes les plus jeunes et les plus fertiles qu'il puisse trouver afin d'affirmer face au monde sa puissance génitrice, et il ne manque jamais de femmes pour se précipiter aux pieds du chef que le pouvoir rend aussitôt séduisant, fût-il gras, vieux ou laid. Imagine donc le choc pour Ousmane et moi de voir cet homme encore jeune, perché au sommet de la pyramide de pouvoir qui domine la France, être entiché de cette vieille femme maigre et sèche qui semble avoir un ascendant notable sur lui. Partout il se dit que c'est elle qui décide de tout et que le président ne prend aucune décision sans la consulter. Elle assiste parfois au conseil des ministres et donne son avis sur tout, avis qui vaut au moins autant que celui du chef de l'État. Elle n'est pas étrangère à la nomination de tel ou tel et rien ne semble pouvoir lui résister. Cette femme fort étrange a certains traits que je qualifierais presque de virils Son histoire est plus étonnante encore, puisqu'il se dit qu'elle a jeté son dévolu sur le président alors que celui-ci n'avait encore que quatorze ans et qu'elle était sa professeure de vingt-cinq ans plus âgée que lui. Toute l'histoire de ce couple m'a été raconté par la suite, et rien ne m'a semblé plus étrange que cette association – et je crois bien que même toi, Mamoudou, malgré tout ce que tu m'as conté de tes rencontres et moyens employés pour arriver en Europe, n'aurais pas eu la force et l'abnégation de te commettre avec cette femme.

Ce qui nous semble incongru avec une évidence frontale ne semble gêner personne en France, tant il est vrai que les mœurs occidentales sont différentes des nôtres sur nombre de points, surtout en ce qui concerne les relations entre personnes. Tout cela est bien hors de notre portée.

Plus compréhensible pour nous est le statut équivoque de cette femme dont j'ai su qu'elle coûtait des centaines de milliers d'euros au contribuable français alors qu'elle n'a nulle fonction officielle. Son influence fait parfois murmurer car elle n'a été élue par personne. On croit voir la favorite d'un de nos potentats qui intègre à son gouvernement tout son entourage familial étendu et prend conseil auprès de ses proches avec bien plus de sûreté qu'il ne le fait auprès de ses ministres. De ce que j'ai pu en voir, cette femme possède indéniablement une influence puissante sur le président et ne fait pas mentir l'adage selon lequel il y a toujours une femme derrière un grand homme, et on l'imagine en effet tout-à-fait derrière le président.

Il m'a donc semblé que son intervention discrète avait eu pour effet immédiat de tempérer une excitation que le président peinait à dissimuler. Reprenant une contenance bien plus officielle, le président nous a déclaré que devant tant de bravoure, il ne pouvait se refuser à nous octroyer un titre de séjour qui aboutirait rapidement à une naturalisation. À l'annonce de ce terme je n'ai pu m'empêcher de frémir car je nous voyais déjà empaillés pour servir d'ornement au salon de la femme du président, qui n'aime rien tant que de se mêler de décoration, mais je compris vite qu'il s'agissait de nous octroyer la nationalité française en récompense de notre action.

Il y a là une grande magie de la République, qui peut créer des Français par sa simple parole, tout comme il suffit à Allah de dire qu'une chose est pour qu'elle soit. Cette étonnante théologie permet à l'État de créer des Français de papier dont il faut ensuite croire qu'ils sont plus français que les Français autochtones. Ce pays de France est bien merveilleux car tout homme peut être français pourvu qu'un haut dignitaire de la République, tel un antique pontife, lui fasse la grâce de l'accueillir en son sein à la condition expresse cependant qu'il adhère au moins en parole aux valeurs du régime, équivalent républicain de notre belle *chaada* islamique – à ceci près qu'il n'est pas même besoin de connaître ces valeurs et qu'il suffit de dire qu'on adhère à la République. Cette République, si elle est loin de valoir notre Islam, qui est la seule vraie religion, ne manque pas de similitudes avec lui car elle considère tout comme lui que tous les hommes sont frères et qu'ils ont tous pour destination de rejoindre la communauté des croyants.

Dans notre cas, afin d'appuyer son idée de nous transformer en Français, le président nous révéla qu'il tenait à nous confier une mission morale de première importance afin que nous puissions œuvrer à la lutte contre le racisme et l'intégration des personnes de tous horizons dans la société française.

J'avoue que j'ai été un peu pris au dépourvu et que j'ai à ce moment échangé un regard inquiet avec Ousmane, tant il nous semblait à tous les deux que la situation risquait de nous échapper et de nous mener bien au-delà de ce que nous avions envisagé. Mais désormais les dés étaient jetés et nous étions sur le point d'entamer une nouvelle aventure dont nous ne soupçonnions rien.

Le président, en homme fort occupé, nous congédia enfin non sans nous avoir promis une décoration officielle qui nous serait remise sous peu, puis il s'éclipsa, suivit de la horde de conseillers et de journalistes qui avaient assistés à ce bref entretien, tant il semble qu'en politique rien ne puisse se faire qui ne soit mis sous l'œil médiatique pour être relayé vers le bon peuple à des fins, comme on peut l'imaginer, d'information loyale et objective sur les actions des dirigeants.

Lettre XXXV

De Mamoudou à Issa, en fuite

Me voici entraîné dans une nouvelle aventure d'une complexité à n'en plus finir. C'est à croire que mon destin est d'être balloté de chars ivres en syllabes et parfois je me demande si je n'aurais pas mieux fait de rester au village à profiter du soleil et de la joie innocente des nôtres dont l'insouciance me manque parfois.

Ici, il faut en permanence être sur le qui-vive. Tous portent un masque[22] et jamais les choses ne sont ce qu'elles paraissent être. Tel qui se présente comme un individu respectable est en réalité un être de bien peu de morale, tel autre dit vouloir vous aider et ne cherche en fait que son propre intérêt. À croire qu'il n'existe personne de franc et de sincère dans ce pays dont le nom même devrait inspirer à ses habitants la droiture. Même les naïfs et les idiots que j'ai rencontrés sont motivés par leur plaisir personnel y compris quand ils croient sincèrement faire le bien d'autrui – et tu sais combien j'ai connu cette situation en donnant de ma personne avec cette grosse femme à laquelle je ne peux penser cependant sans une certaine nostalgie non en raison de ses étreintes qui font naître en moi encore aujourd'hui des frissons de dégoût mais bien parce que c'est au fond grâce à elle, grâce à son désir inassouvi de faire le bien tout en se faisant du bien, que j'ai pu mettre pied en France.

J'ai dû quitter la famille fort sympathique qui m'avait donné asile suite aux événements funestes que tu sais. N'étant cependant coupable d'aucun crime, j'étais libre mais bien esseulé. J'étais cependant toujours titulaire de mon statut de mineur isolé, n'ayant pu me résoudre à retrouver mon âge véritable car cela m'aurait exposé à plus de difficultés encore. Bien m'en a pris car les associations favorables à l'implantation en France de nous autres migrants, qui d'ailleurs ne migrons plus guère que d'un endroit de France à un autre, ne sont jamais bien éloignées et ne rechignent jamais à la besogne. À peine ma

[22] Expression à prendre au figuré, ces lettres datant d'une époque où le terrible cauvide n'avait pas eu pour effet de responsabiliser les citoyens honnêtes qu'on reconnaît désormais au masque médical qu'ils portent en permanence.

nouvelle situation est-elle parvenue aux oreilles de l'une d'elles que je me suis retrouvé à nouveau pris en charge. Cette fois, c'est le président en personne de cette association qui a décidé de s'occuper de mon sort. Lorsque j'ai appris cela ma joie a été grande car avec l'appui d'un tel personnage je ne doutais pas un instant que mon sort s'améliorât grandement et que je fusse enfin lancé sur la voie du succès.

C'est un homme affable qui doit avoir à peu près soixante ans, avec un grand halo de cheveux déjà blancs qui lui donnent l'air d'une sorte d'ange. Il a tout de suite été souriant et prévenant avec moi. Lorsqu'il a su que ses collaboratrices m'avaient proposé de loger dans les locaux de son association, il s'est aussitôt insurgé du manque de confort auquel j'allais être confronté et m'a proposé de venir m'installer chez lui. Assurément l'offre était tentante et je n'ai pu y résister.

Il habite une petite maison cossue et agréable dans un quartier tranquille et paré de verdure. À l'intérieur, tout y est très confortable et on y voit beaucoup de couleurs pastel. Il possède également une remarquable collection de petites statues imitées de l'antiquité grecque, période qu'il semble admirer fortement si j'en crois les nombreux ouvrages sur le sujet qui emplissent sa bibliothèque. Tu sais que je n'ai guère étudié et que la lecture n'a jamais été dans mes activités favorites, mais j'ai pu me rendre compte de la passion de cet homme en prenant connaissance des nombreuses illustrations qui parsèment ces ouvrages.

J'ai eu droit immédiatement à une chambre particulière, bien agréable elle aussi. Mon hôte m'a assuré que je pouvais faire tout comme si j'étais chez moi et que je n'avais aucune gêne à avoir pour vaquer à toutes occupations qui me sembleraient bonnes. Il m'assurait qu'il serait pour moi l'équivalent d'un oncle bienveillant, presque d'un père, et qu'il sentait que nous allions très bien nous entendre.

À dire le vrai les premiers jours se sont particulièrement bien passés. Il me laissait dormir tant que je le souhaitais et lorsqu'il sortait pour vaquer aux occupations que lui réclament la charge de son association, je pouvais passer de longues heures tranquilles à regarder la télévision ou à profiter du petit jardin très fleuri qui borde la maison.

Il m'a confié que ce n'était pas la première fois qu'il hébergeait quelque jeune migrant comme moi, et que la plupart de ceux qui étaient passés par sa maison avaient grâce à son aide réussi à améliorer grandement leur situation. Je me félicitais d'avoir trouvé là un bienfaiteur et je me reposais entièrement, quelque peu par paresse, sur sa capacité à prendre en main mon destin – et c'est bien ce qui faillit se produire au bout de quelques jours à peine.

Je venais à ce moment de prendre une douche et je traversais le salon les reins ceints seulement d'une serviette, pensant qu'il n'était pas là. Il était en fait rentré plus tôt que de coutume et je fus fort surpris de le croiser, d'autant plus que je n'étais guère dans un accoutrement présentable. Alors que je m'en excusais, il me répondit de ne pas m'en faire et que je pouvais à loisir me promener partout dans sa maison, même dans le plus simple appareil si cela me seyait. Il me complimenta aussi sur la robustesse de ma complexion et se lança dans une tirade sur la beauté des corps africains respirant la vie, dont les proportions l'émerveillaient.

À l'issu d'un éloge appuyé concernant nos peuples qu'il semblait considérer comme la manifestation actuelle de la beauté plastique qu'il admirait tant chez les Grecs, il m'invita à venir m'asseoir près de lui pour que nous puissions, comme il le disait, mieux nous connaître. J'étais assez hésitant devant ce bienfaiteur qui se révélait tout-à-coup assez intrusif et je lui répondis que j'acceptais avec joie de discuter plus longuement avec lui mais que j'allais tout d'abord passer un habit plus décent. Il m'a alors assuré que cela n'avait aucune importance tout en posant sa main sur ma cuisse. C'est à ce moment précis mes yeux se sont ouverts sur l'intention de cet homme, intention dont je me rendis compte tout-à-coup que j'avais été bien stupide de ne pas la deviner auparavant. Confus, j'opérai une retraite précipitée vers ma chambre et fermai la porte derrière moi. Mon hôte se lança à ma poursuite et je l'entendis tambouriner sur la porte tout en se répandant en excuses et en explications entrecoupées de déclarations enflammées concernant la beauté de mon corps et la douceur de mon âme – ou peut-être était-ce le contraire, mon souvenir est confus. Il ne manquait pas aussi de recourir à la promesse d'améliorer substantiellement mon sort si seulement je consentais à lui céder. Horrifié et troublé, je ne trouvai comme autre solution que de m'habiller le plus vite possible et de fuir par la fenêtre en emportant mes quelques possessions.

J'étais à nouveau livré à moi-même et cette fois sans grand espoir de trouver une solution, quand je suis tombé nez à nez avec Rani au coin d'une rue qui lui aussi était passé par de bien étranges tribulations.

Lettre XXXVI

De Issa à Mamoudou, aux palais

Nous voici donc Ousmane et moi décorés d'une bien belle médaille que nous a remise avec sérieux et avec une petite tape amicale sur l'épaule un haut personnage durant une cérémonie au cours de laquelle d'autres individus méritants étaient comme nous récompensés.

Il y avait là un jeune Maghrébin qui, n'écoutant que son courage, avait sauvé du feu l'imam de sa mosquée ; une avocate qui avait victorieusement défendu un politicien dans une sombre affaire de détournements de fonds dont il était bien entendu innocent ; un écrivain qui avait œuvré à la dénonciation du racisme et des racistes dans ses ouvrages, faisant ainsi une très nécessaire pédagogie, selon les mots mêmes du discours officiel qui accompagnait cette cérémonie ; un chanteur de rap très populaire dont on récompensait la contribution aux arts et aux lettres ; un animateur de télévision qui avait battu un record de longévité au labeur ; un architecte qui avait érigé d'immenses bâtiments de verre et d'acier pour en faire des musées et des administrations ; un promoteur immobilier à l'origine de milliers de logements sociaux ; un sportif à la peau d'ébène, paré de lunettes, dont on récompensait l'action victorieuse sur les terrains de football , qui apportait de la gloire à la France, tout autant que le message d'espoir universel contre les discriminations qu'il portait dans un livre écrit avec un journaliste (ce dernier n'était cependant pas présent) ; une vedette de cinéma aux cheveux teints en bleu enfin, connue pour son engagement en faveur des personnes dont le penchant naturel est celui de l'hôte que toi, Mamoudou, tu fuyais hier encore.

C'est d'ailleurs la différence avec notre contrée la plus étonnante que j'ai pu observer depuis mon arrivée en Europe. Les personnes dont le désir les porte vers ceux du même sexe qu'elles jouissent ici d'une bienveillance très particulière. Quand dans nos villages un tel comportement serait sévèrement châtié, il est ici regardé comme un raffinement suprême et ses adeptes constituent une petite élite qui a ses réseaux et relais partout, depuis les sous-sols les plus sordides jusqu'aux plus hauts sommets du pouvoir. Tu n'imagines pas combien de ceux qui en sont nous avons pu croiser dans les couloirs de tous ces lieux de pouvoir, que nous n'avons pourtant fréquenté que bien peu de temps. Qu'il s'agisse de la grande presse, de la politique ou d'autres professions convoitées, l'appartenance à cette étrange confrérie est un sésame qui ouvre bien des carrières et procure bien des avancements, et ce avec une rapidité que ni le talent ni même le génie ne sauraient égaler. Ainsi s'explique la présence à des postes fort prisés de gens parfois dépourvus aussi bien de l'expérience apportée par l'âge que de la compétence gagnée à force de travail.

La grande ruse de cet ordre monastique pour lequel aucun vœu n'est requis est d'avoir persuadé la masse que ses membres étaient partout persécutés pour mieux s'imposer. Nul ne peut alors douter de leurs capacités ou remettre en cause leurs actions sans risquer d'être accusé de vouloir les opprimer. C'est une rhétorique bien utile dont j'ai d'ailleurs pu profiter car elle est appliquée de façon assez similaire par les défenseurs de nous autres Africains qui souhaitons nous installer en Europe.

Dans la réalité ces gens peuvent très librement s'offrir à la vue de tous, ce qui serait fort inconvenant dans nos contrées. Leurs mœurs obéissent à un subtil ballet qui veut que l'on se montre en même temps que l'on se cache, que l'on garde une grande discrétion tout en laissant cependant connaître son véritable état. Il s'agit d'être fier pour imposer comme ordinaire cette appartenance bien moins répandue qu'on pourrait imaginer, tout en niant farouchement qu'elle soit à l'origine d'un avancement ou d'un favoritisme indu, et ce en insistant pourtant sur sa singularité.

Nous avons d'ailleurs assisté à un spectacle tout-à-fait incongru à nos yeux africains au détour d'une rue de Paris. Figure-toi une parade de carnaval entièrement constituée par les membres de cette confrérie, qui admet un nombre déconcertant de chapelles différentes. Je n'ose te décrire les déguisements les plus baroques que nous avons observés. Imagine seulement que certains se travestissent en femmes quand d'autres affirment une virilité exacerbée paradoxalement contrebalancée par une démarche et une gestuelle des plus précieuses. Le plus étrange encore est à n'en pas douter ces hommes qui se prennent pour des chiens et vont à quatre pattes tenus en laisse par d'autres, contrefaisant à l'occasion l'aboiement de l'animal. Tout cela me laissa dans une perplexité profonde et encore aujourd'hui je me dis qu'il y a bien des choses dans ce monde que je ne soupçonne pas.

Ces curiosités occidentales qui seraient objets d'horreur dans nos contrées ne sont cependant que la pointe visible d'un état d'esprit général que je découvre chaque jour et dont je te parlerai plus longuement.

Lettre XXXVII

De Rani à Mamoudou, sorti du tribunal

Mon ami, je suis bien aise de te revoir bientôt. J'ai pour toi une nouvelle fort étonnante et pour moi fort réjouissante : dans l'affaire qu'on me reprochait, le tribunal m'a blanchi. Les juges ont estimé que je n'avais pas pensé à mal en approchant cette fille car je n'avais pas les codes, ainsi qu'ils le disent. J'ignore ce que cela signifie, mais je crois bien que je vais me servir abondamment de cette excuse qui semble absoudre de tout. Je me voyais déjà jeté en prison, et voici que par la stupidité de ces Occidentaux je marche libre dans les rues. Ce pays, mon ami, est à prendre pour celui qui le souhaite.

Lettre XXXVIII

De Mamoudou à Rani

C'est une bien étrange nouvelle que tu m'apprends. J'ai été victime de la convoitise contre-nature d'un homme qui m'hébergeait et j'ai dû fuir. Je ne sais que faire désormais.

Lettre XXXIX

De Rani à Mamoudou

Ta mésaventure est terrible, mais tu peux compter sur moi. Ces gens sont si amollis qu'il sera facile d'en tirer vengeance.

Lettre XL

De Mamoudou à Issa

J'ai de bien mauvaises nouvelles. Il semble que mon destin ait pris une tournure néfaste du jour où j'ai rencontré ce démon qu'est Rani. Il a conçu le projet de me venger des propositions indécentes dont j'ai fait l'objet, et ce avec une telle ferveur qu'on pourrait croire que c'est lui-même qui a été impliqué. Je ne sais comment le dissuader de cette entreprise. À chaque occasion il me parle de ses desseins, qu'il justifie par la faiblesse de ces Occidentaux qui tolèrent tout jusqu'à la lâcheté la plus totale. Il vitupère sans cesse contre leur absence de moralité et de tenue. Rien ne le met plus hors de lui que cette naïveté, cette candeur presque, avec laquelle ces Occidentaux se font duper et croient aux mensonges les plus flagrants pourvu qu'ils leurs soient racontés au nom de l'humanité et de la nécessaire aide qu'ils doivent au reste du monde. Intoxiqués de la sorte, ils ont abdiqué tout réflexe de défense et cela, bien plutôt que d'inspirer de la pitié, met Rani dans une fureur doublée de mépris pour ceux qu'ils n'appellent autrement que faibles. À ceux qui ne savent commander le respect, des hommes fiers tels que lui n'en accorde aucun.

Il faut bien reconnaître que les événements récents dans lesquels s'est trouvé impliqué Rani n'ont pas été très favorables à ce qu'il change d'opinion. Suite à cette sombre affaire dans laquelle il avait tenté d'abuser d'une jeune fille, il a comparu devant un tribunal, et j'espérais fort que ces gens donneraient un coup d'arrêt à ses cruelles manigances. Il n'en a rien été. Après de longues délibérations, les juges ont estimé que Rani n'avait rien fait de mal, du moins volontairement, et que ses actes ne résultaient que d'une incompréhension culturelle. Ce qui se fait ou ne se fait pas ici ne lui était pas connu et il « n'avait pas les codes », selon les mots de la juge qui a statué sur son sort, pour régler sa conduite. En vertu de quoi il a été remis en liberté après une brève admonestation et une mise en garde de ne jamais recommencer. À peine sa sentence entendue, il marchait de nouveau libre dans les rues de France.

J'avoue ne pas comprendre ces juges, car je ne sais dans quelle contrée il est admis qu'un homme puisse attenter à la pudeur et à l'honneur de la fille de son hôte – sinon peut-être justement la France. Je suis bien certain que chez Rani tout comme chez nous, l'homme qui se résoudrait à commettre un tel crime à la fois contre l'hospitalité et contre l'honneur d'une famille trouverait aussitôt un juste châtiment qui l'enverrait probablement voir si ses ancêtres se portent bien dans l'autre monde.

Comme tu le sais nos anciens nous ont légué de fort bonnes coutumes, dont celle qui consiste à ne jamais récompenser de mauvaises actions mais bien plutôt à les punir avec la plus grande sévérité, et ce dès les premiers signes afin d'étouffer dans l'œuf les carrières criminelles naissantes et épargner à la société bien des maux futurs. Au cas contraire tout malfaisant voit dans la clémence un encouragement à continuer sur sa lancée et méprise d'autant plus la justice que celle-ci se montre incapable de rétribuer à sa juste mesure un crime dont le méchant, lui, connaît parfaitement la valeur. Il est bien sot celui qui croit aux larmes des criminels une fois qu'ils sont pris, eux qui au moment de mal faire sont restés insensibles aux plaintes de leurs victimes.

Ainsi j'ai appris que la totalité des pays d'Europe s'était sous prétexte de vertu interdit de seulement songer à la peine capitale. Cette extrémité leur fait horreur et leur paraît être le sommet de la barbarie alors que bien au contraire elle est une manifestation ultime et grave de la responsabilité, tant des juges que des criminels. Ces sociétés refusent de mettre à mort le pire de criminels sous prétexte de compassion et d'humanisme mais ce n'est à mes yeux qu'un mélange de bêtise et de lâcheté. En refusant la possibilité de supprimer un homme qui a commis des crimes si graves qu'il se met hors de toute société, la justice ferme les yeux non seulement sur la dangerosité d'un individu pour le corps social mais également sur le sens de la mort elle-même, qui de destination mystérieuse de l'homme devient un inconvénient dont on ne saurait tolérer la vue tout autant qu'une responsabilité qu'on refuse d'assumer. Certains arguent de l'inutilité d'en venir à de telles extrémités et assurent que le châtiment qui ôte la vie n'a aucune valeur d'exemple pour les autres criminels. Je le veux bien, et c'est justement pour cela que la peine capitale doit exister, car elle dissuade ceux qui n'ont pas assez de cran pour commettre un crime qui leur promet la mort et suppriment ceux que la perspective de la mort n'effraie pas, et que rien d'autre ne pourra donc arrêter. Mais en toute chose, que le crime soit petit ou grand, si la justice ne sait pas se faire craindre du criminel, elle n'aura que peu d'effet.

Rani n'a pas été différent des autres et la mansuétude frisant la bêtise et l'indécence de la justice française dans son cas l'a renforcé dans sa conviction que faire le mal était non seulement sans danger mais plus encore légitime. Dans l'esprit de cet homme, tout ce qui ne se défend pas mérite d'être dominé, et doit l'être[23].

Tu sais bien que nous autres venons d'une contrée paisible dans laquelle les gens ne pensent pas à mal et n'aiment rien d'autre que leur tranquillité au village, entourés des leurs, mais certains hommes ne sont pas ainsi et ne rêvent que de conquêtes, de pillages, de domination – et à ma grande honte, nombreux sont ceux qui se réclament de Allah pour se livrer à ces activités.

Quant à moi je vais essayer de me tenir loin de ce triste sire, qui par malheur semble m'avoir pris en amitié et s'est persuadé que je ferai le compagnon idéal de ses brigandages.

[23] Cet Afghan serait-il un lecteur de Nietzsche ?

Lettre XLI

De Issa à Mamoudou

Ce n'est pas sans une certaine tristesse que j'ai pris connaissance de ta dernière lettre. Je ne saurais trop te recommander de ne pas frayer avec des individus comme ce Rani, car alors comment pourrais-tu éviter d'être mal vu par les habitants de ce pays dans lequel nous essayons de nous installer ? Comment ne pas comprendre certains de leurs griefs à notre encontre ? Je m'étonne parfois de la grande générosité de ce peuple à notre égard après tout ce que j'ai vu ici bien que je n'y ai passé que peu de temps.

Il faut bien reconnaître que la France me réussit depuis quelques temps. Comme je te le disais, j'ai été propulsé à la tête d'une organisation spéciale destinée à lutter contre le racisme et à promouvoir l'accueil des migrants.

Me voici donc devenu un personnage important. Avant toute chose il a fallu que je passe entre les mains de gens dont le rôle était de me rendre présentable – de me « relooker » comme disait une grande femme tout de noir vêtue qui dirigeait les opérations. J'ai donc été affublé d'un costume qui me fait ressembler à l'un de nos ministres du Ouaquanda, mais avec un aspect plus décontracté. Lorsque je me suis regardé dans le miroir j'ai cru voir une de nos stars du football. Il m'a également été fortement conseillé de porter des lunettes, moi qui ai pourtant une vue impeccable. Le but était de me donner un air docte et intelligent, car assurément on écoute mieux quelqu'un qui donne l'impression d'être une sorte de professeur ou d'intellectuel. J'avoue que l'effet n'est pas pour me déplaire ; j'ai pu immédiatement mesurer l'efficacité de la chose car des gens qui ne remarquaient pas ma présence auparavant écoutent désormais ce que je dis avec la plus grande attention. Il fut même question de me donner des cours de diction pour effacer mon accent africain que certains jugeaient trop prononcé mais il fut décidé que je devais finalement le conserver, à la fois parce que le travail serait trop grand et parce que cela me donnait ce que mes mentors appelaient « une touche authentique » - j'ai cru comprendre par là que mon parler était la dernière parcelle de vérité qu'on daignait me laisser, singularité qui gagnerait les faveurs du public car ainsi je correspondrai à l'image qu'il se fait de l'Africain.

Une fois ces transformations effectuées, on m'a affecté un petit bureau dans lequel je ne fais strictement rien et où ma présence n'est pas même requise. J'ai vite compris que mon travail consistait surtout à paraître ici ou là pour réciter quelques fiches conçues et rédigées à mon attention par des gens que je ne connais pas et que je ne vois jamais. Je viens d'apprendre qu'il fallait que j'aille parler de mon périple devant une assemblée de gens intéressés à la condition des migrants. Je ne sais trop ce que je vais leur dire, mais il me faut y aller, car de cela dépend le maintien de ma position et surtout ma capacité à rester en France.

Lettre XLII

De Mamoudou à Issa, face à la justice

Je suis bien aise d'avoir eu de tes nouvelles et j'espère que tu pourras m'aider bientôt. Comme je suis toujours pour la loi française un mineur isolé, il est quasiment impossible de m'expulser et nos fidèles défenseurs au sein des associations refusent que l'on procède sur nos personnes à des tests qui pourraient donner une idée de notre âge véritable. Cela me donne quelque répit mais je n'ai pour l'instant aucune idée de ce que je vais bien pouvoir faire par la suite.

Rani quant à lui ne s'est pas assagi. Il a renoncé à son désir de me venger pour se concentrer uniquement sur celui de prendre à autrui ses biens et s'est introduit dans la demeure du président de l'association pour y voler tout ce qui peut avoir de la valeur. Malheureusement il a été pris par la police et a dû affronter une nouvelle fois la justice. De façon fort étonnante, il a une fois de plus bénéficié d'une étrange et incompréhensible faveur de la Fortune.

Il a certes été condamné, et plutôt lourdement puisqu'il est soumis à une obligation de quitter le territoire français. À l'énoncé de cette formule, l'honnête homme que je suis a cru que c'en était fini de l'aventure de Rani et qu'il se retrouverait sous peu dans son pays d'origine. Je me réjouissais déjà de ne plus avoir à fréquenter ce personnage qui m'avait entraîné dans tant de mésaventures. Il s'est cependant avéré que ni la France ni moi n'étions débarrassés de lui. Bien qu'obligé théoriquement de partir, il est en pratique libre de se promener sur le sol de France et les magistrats comptent uniquement sur sa bonne volonté à exécuter de lui-même le jugement qu'ils ont prononcé. Autant dire qu'ils s'appuient sur une brise légère. Rani, tout étonné lui-même de se trouver libre une fois de plus, a aussitôt entrepris d'imaginer un nouveau moyen de subsister aux dépends du pays.

Je comprends de moins en moins la façon dont ce pays fonctionne. Comment est-il seulement possible que la loi y soit si mal appliquée ? Et comment se fait-il que les Français eux-mêmes ne manifestent aucun mécontentement quant à la situation qui leur est ainsi faite ? Ne peuvent-ils donc pas se révolter ? Ont-ils donc perdu jusqu'à la volonté de se faire respecter ? On les croirait éteints, amorphes, incapables de distinguer le bien du mal, le juste de l'injuste, le bénéfique du nocif.

J'avoue moi-même les avoir trompés ici ou là, et j'en viens parfois à me dire qu'ils méritent leur sort. Pour peu je serais presque de l'avis de Rani qui ne les voit que comme un troupeau dont il faut tirer le meilleur parti, et ce comme un loup plutôt que comme un berger. Je sais que ce serait d'une grande ingratitude de ma part que de raisonner ainsi, car j'ai bénéficié de leur générosité, mais enfin, à force de courber l'échine, ils finiront par n'être pas plus respectables que des esclaves.

Lettre XLIII

De Issa à Mamoudou

Ta dernière lettre ne m'a pas étonné outre mesure car j'y ai retrouvé à ma grande tristesse des travers que j'ai pu moi-même observer au plus haut sommet de la société française. Il est difficile de se rendre compte à quel point ces gens peuvent se détester eux-mêmes et distiller partout le mépris de leur propre peuple, de leur histoire, de leurs hauts faits et réalisations, enfin de leur identité. Je ne soupçonnais pas que cette haine de soi était un trait de caractère si profondément enraciné dans l'âme des Français et je ne crois pas l'avoir rencontré à ce point ailleurs, et certainement pas en Afrique où, comme tu le sais, nous sommes fiers de nous et n'hésitons pas à défendre avec chaleur nos traditions et convictions.

Laisse-moi donc te conter l'histoire extraordinaire qui m'est arrivée récemment. Mes nouvelles fonctions m'obligent à aller raconter mon aventure devant de nombreuses assemblées afin de les convaincre que nous autres migrants africains sommes des richesses pour la société française et que rien ne pourrait se faire sans nous qui amenons une salutaire nouveauté à ce peuple englué dans son passé étriqué – ou du moins c'est ainsi que se présente systématiquement le cadre de mes interventions, qui a été pensé et mis en forme pour moi et dont on attend que je le respecte scrupuleusement. Ainsi l'autre jour j'étais mandé pour aller raconter mon histoire, ou plutôt celle qu'on veut que je raconte, dans un établissement scolaire devant de nombreux jeunes Français.

Cette mission au départ m'enchantait, car je voulais absolument leur raconter les merveilles de l'Afrique, mais aussi ses périls et leur faire comprendre comment, malgré de nombreux déboires, j'avais pu trouver une France accueillante. Je voulais les entretenir des chimères qui parfois nous aveuglent dans nos lointains villages en nous faisant croire que nous allons trouver l'Eldorado en Europe alors que ce ne sont que des situations précaires et insalubres qui trop souvent nous y attendent. Malheureusement, le plan et les termes de mon discours ne m'appartenaient pas et je devais suivre à la lettre certaines fiches qu'on m'avait préparées pour l'occasion. Si j'avais voulu en dévier et donner ma vision de la chose, j'aurais été aussitôt interrompu par une femme qui me suit partout et s'assure que je délivre bien le message attendu.

Il a donc fallu que je me répande dans ces jeunes têtes un discours culpabilisant les Occidentaux pour leur négligence et leur racisme, pour leur passé colonial qui me forçait à travers les décennies à quitter mon Ouaquanda natal pour venir réclamer mon dû sur les terres de l'Europe, et encore fallait-il que j'insiste sur la dette qu'avait à mon égard ces jeunes qui n'avaient pas encore l'âge de travailler en quelque façon que ce soit. Au lieu de leur dire à quel point j'admire la France et sa culture dont nous avions au village de lointain échos, je devais leur expliquer combien nos traditions allaient venir féconder leur pays vieillissant et replié sur lui-même, je devais les persuader que j'étais une chance pour la France bien plus que la France n'était une chance pour moi.

Ce discours ne me plaisait guère car il ne reflétait pas mes sentiments et réflexions véritables mais il ne m'était pas permis de dire autre chose. Alors qu'un de ces jeunes me posait une question sur les richesses des coutumes de chez nous et que j'exposais la dureté nécessaire que nous employons dans notre traitement de ceux qui contreviennent à nos lois et traditions, la femme qui me servait de chaperon m'a aussitôt repris pour expliquer que certains endroits de notre beau continent africain n'avaient pas encore atteint le niveau de développement humain harmonieux dans tous les domaines et que ce continent n'était à certains égards pas encore entré dans l'Histoire ; par conséquent on y trouvait encore nombre de coutumes barbares que l'Occident ne saurait imiter mais dont il fallait cependant se retenir de les juger.

Le débat a failli prendre une tournure houleuse car ces réflexions n'ont pas été du goût de tous. En effet, aussi étonnant que cela puisse paraître, les élèves africains étaient très nombreux dans cette classe dont ils constituaient près de la moitié de l'effectif. Cela m'a d'ailleurs fort surpris et j'ai eu au départ l'idée qu'on avait procédé à un grand remplacement des Blancs par les Africains afin de me faire une sorte de farce[24] ou de me soumettre à un test. Il n'en était rien et j'ai appris par la suite que par endroits certains établissements scolaires ne comptaient plus qu'une minorité d'autochtones. Le

[24] Le grand remplacement n'est pas une farce mais plutôt une corde dans laquelle il nous est sommé de passer notre cou. Voyez Sergio Leone.

résultat de l'intervention maladroite de cette personne qui me chaperonnait a donc eu pour effet de scinder la classe en deux camps : les uns défendaient âprement leur héritage africain tandis que les autres restaient dans une sorte de sidération, ne sachant plus de quel côté était le progrès. Il a fallu trancher en expliquant que nous étions tous frères mais que l'Europe toute entière avait une dette à l'égard du reste du monde, ce qui conforta les uns dans la haute opinion qu'ils avaient d'eux-mêmes et réduit les autres à un silence coupable.

Ainsi j'ai dû participer à la détestation d'eux-mêmes qu'on enseigne aux Français dès le plus jeune âge tout en leur vantant paradoxalement certaines avancées qui sont tenues pour définitives et bonnes absolument, avancées qui justement me semblent contenir les germes, et plus encore, de cette faiblesse que tu as pu constater partout où tu es allé.

Ce qu'il y a de plus fantastique dans cette haine de soi est qu'elle est organisée au plus haut niveau et que les élites mêmes du pays, dont on attendrait qu'elles soient les porte-drapeaux d'une fierté nationale et les guides d'un peuple qu'il convient de mener à des accomplissements dans tous les domaines, sont en réalité les initiatrices de cette démoralisation qui semble irriguer tous les secteurs et tous les âges de la société française.

Cela encourage de plus les nouveaux venus à mépriser d'autant plus les autochtones et à leur donner une conscience exagérée de leur importance, ce qui malheureusement en pousse certains à une attitude arrogante et revendicative. On enseigne donc aux uns à se repentir et aux autres à réclamer toujours plus, fortifiant ainsi chez les seconds le sentiment qu'on leur est redevable de tout alors qu'on inculque aux premiers une culpabilité morbide. Cela assurément ne saurait aboutir à une société apaisée pour l'avenir.

Ainsi le message est-il celui d'une dépréciation systématique de soi et d'une adulation de l'autre, surtout s'il vient de loin, qui va jusqu'à et au-delà de la bêtise et du fanatisme. Je commence à comprendre pourquoi ce peuple accepte avec autant de facilité les abus que j'ai constatés ici ou là durant mes tribulations dans le bas de la société. Maintenant que je fréquente les hautes sphères mes yeux se dessillent et je crois détecter avec certitude l'origine de toute cette passivité, de toute cette haine de soi, dans l'attitude de ces élites qui non contentes de mépriser et détester le peuple dont elles ont la charge, lui apprennent à se déprécier, à la fois pour mieux le contrôler mais aussi et surtout pour qu'il concoure mieux et plus aisément au renoncement vers lequel elles le mènent.

Lettre XLIV

De Issa à Mamoudou

Depuis ma précédente lettre il me semble que j'ai pénétré un peu plus avant dans les cercles de l'Enfer. Tu n'imagines pas le cynisme et le mensonge auxquels je suis confronté quotidiennement. À croire qu'aucun de ces gens ne sait dire la vérité, tant ils nagent dans un océan de faussetés auxquelles je les soupçonne de ne pas croire eux-mêmes. C'est d'ailleurs une interrogation permanente qui me hante et dont je pense qu'elle viendrait à toute âme honnête : ces gens sont-ils simplement insoupçonneux de tout ce qui les entoure et ignorant du monde extérieur à leurs cercles ou au contraire font-ils montre d'un cynisme et d'une malveillance qui dépasse l'entendement ?

Croient-ils réellement à tout ce qu'ils disent ou savent-ils pertinemment qu'il ne s'agit que de mensonges destinés à faire avancer leur carrière ?

Ce dont je ne peux douter cependant est l'existence d'une organisation véritable à laquelle chacun concourt, une sorte de système de mensonge et de demi-vérités dont personne n'est totalement responsable mais que chacun doit alimenter sous peine d'en mis à l'écart. J'ignore qui tient les rênes de ce système dynamique dont les règles sont mouvantes et où chacun craint que sa parole n'aille un peu trop loin et ne dérape. Il faut être non seulement de bon ton mais surtout de stricte observance dans les idées. Cela n'est pas aisé car ce qu'il est loisible de penser et de dire est sujet à changements. Bien malin celui qui saura se maintenir à flot dans cette mer agitée.

Je n'ai pas encore découvert qui décide de ce qu'il est possible ou non de dire, mais il m'apparaît que quelques coteries influentes posent chacune dans son domaine les limites qui doivent être observées. Je n'en puis dire guère plus sur ces gens car j'ai bien senti que ma place pourrait être menacée, mais je t'expliquerai tout de vive voix dès que nous serons réunis.

LETTRE XLV

De Mamoudou à Issa

Ce démon de Rani ne me quittera donc jamais. C'en est à désespérer de la providence. Comme tu le sais il avait été mis en demeure par une décision de justice de quitter le territoire français sans pour autant, absurdité ultime, que quiconque ayant autorité ne l'oblige à effectivement s'en aller. Voici qu'un nouveau juge est venu je ne sais comment se mêler de l'affaire et a condamné l'autorité administrative qui avait refusé à Rani des papiers en raison de son activité criminelle dont tu ne connais que trop bien les détails. Ainsi ce pays est assez fou pour sanctionner celui qui estime bon d'éloigner un malfaisant, alors même qu'une première juridiction a décidé de son départ. Cette aberration est absolument incompréhensible pour tout honnête homme, et j'ai pourtant eu écho de nombreux cas similaires.

Rani est donc toujours libre comme l'air et ne compte pas chercher une occupation honnête et productive, pour autant que j'ai des nouvelles de lui.

Je n'ai pour ma part toujours pas trouvé moyen d'améliorer ma condition sinon d'attendre que l'État français, toujours par le biais d'associations, me trouve une place dans l'un des nombreux logements qu'il réserve aux migrants légaux et illégaux. Cette fois le mensonge qui consiste à me faire passer pour un mineur isolé, s'il me rend invulnérable à toute possibilité d'expulsion, ne laisse pas d'être un handicap pour trouver un logement décent.

En tant que mineur isolé j'ai un temps été placé dans une sorte de foyer qui leur est réservé. Ce lieu est installé dans un des nombreux hôtels que l'État français paye à cet effet, et tout y est gratuit. Je n'ai pu cependant y tenir bien longtemps. L'ambiance y était infernale. Il y avait pour moitié des hommes qui comme moi avaient très nettement passé l'âge de la majorité et qui tentaient de continuer à vivre du système le plus longtemps possible, et de véritables mineurs pour autre moitié. Ces derniers étaient les plus infernales de toutes les créatures que j'ai pu rencontrer. Tu n'imagines pas les méfaits dont ces gamins étaient capables, et ce d'autant plus que nombre d'entre eux avaient été livrés à eux-mêmes dès leur prime jeunesse. Aucun des éducateurs dédiés à s'occuper d'eux n'arrivaient à en garder le contrôle. Tout n'était que vols et querelles et il ne se passait pas un jour sans que la police n'en ramène quelques-uns qui s'étaient échappés momentanément pour aller commettre larcins et parfois agressions violentes en ville, et ce d'autant plus régulièrement que la justice ne pouvait ou ne voulait les sanctionner.

Dans cet enfer j'ai vite regretté mon association avec Rani. Je me suis mis en tête de le retrouver. J'ai donc quitté cet hôtel de malheur et le confort relatif qu'il offrait pour essayer de le rejoindre. Il est quelque part dans cette ville qu'on appelle Nantes et je compte bien le retrouver assez rapidement.

Lettre XLVI

De Rani à Mamoudou

Mon frère, hâte-toi de me rejoindre. J'ai trouvé bien meilleur accueil que les associations qui se sont occupé de nous jusqu'ici. Désormais je suis hébergé par des chrétiens. C'est un prêtre catholique qui m'a pris en pitié, et le fait même que je sois musulman a décuplé son ardeur à me venir en aide. Je sens qu'il y a là un excellent filon à exploiter.

Lettre XLVII

De Issa à Mamoudou

Je comprends que tu cherches à profiter de tout ce que peut offrir la France pour aider les migrants, légaux comme illégaux, mineurs comme majeurs. Sur un plan moral c'est peut-être répréhensible, car cela consiste à profiter des ressources d'un pays et d'un peuple sans avoir aucunement contribué à la richesse dont on prend une part. Si tel était le cas dans nombre de pays du monde, et avec certitude dans nos contrées d'origine, les profiteurs seraient aussitôt jetés dehors avec une belle correction. Mais que dis-je ? Une telle attitude ne pourrait pas se produire, car aucun de nos dirigeants ne serait assez fou pour mettre en place autant de mesures et de façons de faciliter la vie de ceux qui ne viennent que pour profiter. À mon avis personne ne se risquerait à s'installer dans un pays qui n'offre à la fois ni opportunité de s'enrichir ni possibilité de vivre aux crochets de la société.

Je crois savoir que la France est l'un des rares pays qui permette de vivre sans rien faire tout en empêchant strictement jusqu'à ses citoyens de s'enrichir par l'effort et le travail. Ce pays n'aime rien tant que faire l'aumône, surtout si l'on vient de loin, mais ne supporte pas qu'on puisse vouloir être autre chose qu'un assisté. Dans un tel État, l'administration est assurée de faire face à des citoyens dociles car ils dépendent de lui pour les commodités élémentaires de la vie, et elle s'assure qu'ils ne puissent avoir plus. Un tel État ne peut subsister indéfiniment sinon par la dette, à moins de vouloir épuiser totalement les richesses du pays qu'il ponctionne déjà fortement par l'impôt. Il en résulte un pays encore riche mais dont nombre de citoyens ne le sont déjà plus car une vaste masse d'argent est engloutie dans l'entretien de gens oisifs ou peu productifs.

J'ai ainsi découvert que n'importe lequel de nos frères, fût-il un malfaisant comme Rani, peut se présenter à l'hôpital pour être soigné quelle que soit sa maladie, bénigne ou chronique. L'État français est si généreux qu'il dépense ainsi la somme faramineuse d'un milliard d'euros chaque année afin de pourvoir aux soins de gens qui s'introduisent en parfaite illégalité sur son territoire. Les bonnes âmes justifient cette politique par le droit qu'a tout être humain d'être secouru. Tout se passe comme si la France elle-même était devenue l'un de ces droits de l'homme dont on aime tant se réclamer et se vanter ici. Ainsi il est des cas de migrants venus des confins de l'Afrique ou de l'Asie qui en profitent pour se faire soigner gratuitement de maladies nécessitant des soins longs et coûteux. Tu me diras qu'il ne saurait être d'un humain de refuser aide à celui qui souffre, surtout s'il ne peut être soigné dans son propre pays, mais cette morale individuelle élevée au rang de politique d'État coûte cher et lèse le peuple autochtone tout en attirant toujours plus de ces malades, vrais ou imaginaires, qu'acheminent des passeurs criminels qui ont su aussitôt profiter de l'occasion.

La générosité est une qualité qui se doit d'être universelle mais il lui faut se confronter à la réalité proprement humaine qui veut que personne ne puisse se donner pour mission de sauver la totalité du monde sans périr. Pour nous autres qui venons de pays dans lesquels on n'a pas oublié la difficulté d'assurer sa propre subsistance, cette débauche d'argent à l'égard d'individus qui prennent sans jamais donner en retour paraît le comble de la folie. Tout cela me semble un luxe de pays riche qui fait payer à ses citoyens la générosité théorisée par quelques-uns, qui sont au sommet et pour qui faire preuve de prodigalité ne coûte rien tout en apportant un intense sentiment de bonne conscience.

Je ne sais jusqu'où peut aller cette prodigalité ni combien de temps elle est soutenable car j'ai toujours à l'esprit le nombre immense de nos frères qui sont prêts à venir nous rejoindre ici.

Lettre XLVIII

De Mamoudou à Issa, aux urgences

Par une étrange coïncidence tu me parles de la générosité extrême des Français en matière de santé pour les migrants clandestins au moment même où Rani en a justement profité. Il s'est senti malade d'une légère toux et s'est aussitôt dirigé vers l'hôpital le plus proche. Ces gens refusaient au départ de le recevoir, arguant que son cas n'avait pas le caractère de gravité qu'il prétendait. Rani ne s'en est pas laissé conter et à force de tempêter et de faire valoir son statut de réfugié, a fini par avoir gain de cause. L'attente a cependant été longue et nous avons dû patienter plusieurs heures car nombreux étaient les gens qui avaient un besoin urgent de soins, besoin auquel l'hôpital dans lequel nous étions semblait avoir bien du mal à répondre. Dans la multitude des gens qui attendait avec nous, je ne savais lesquels étaient effectivement en détresse et lesquels ne venaient, comme Rani, que par commodité.

Certains cas ne souffraient d'aucun doute même à l'œil du profane que je suis : ici un homme a passé toute la soirée allongé sur une civière, secoué de convulsions provoquées par d'atroces quintes de toux qui lui faisaient cracher du sang ; là un autre maintenait sur cou une compresse qui dégoulinait de sang à tel point qu'on croyait qu'il allait se vider devant nous ; là encore une femme restait prostrée et respirait à grand-peine. Nous étions plongés dans une sorte d'enfer au milieu duquel un homme hurlait à toute force qu'il fallait s'occuper de lui et menaçait de s'en prendre physiquement au personnel du lieu avec une telle vigueur qu'on doutait qu'il soit atteint de quelque mal sinon de folie. Son discours était ponctué d'injures mais aussi d'invocations à Allah qui me faisaient honte, car ce n'était assurément pas le comportement d'un bon croyant. Plus malin, Rani avait pris le parti du discours culpabilisant, ce qui lui a permis d'être admis avant tous ces malades, imaginaires ou bien réels.

Il a été examiné sous toutes les coutures et fait l'objet de nombreux examens à l'issue desquels les médecins lui ont signifié qu'il était en parfaite santé et qu'il pouvait repartir l'esprit en paix. Cela n'a pas suffi à son contentement et il a exigé à toutes forces certains médicaments qu'on lui refusait. Il a fini par se rabattre sur le seul argument qui fonctionne presque à chaque fois et s'est employé à traiter tout le monde de raciste, accusant l'hôpital, les médecins et enfin la France de discriminer honteusement un malade. Ce discours a eu son petit effet. De guerre lasse le personnel de l'hôpital lui a donné les quelques médicaments qu'il voulait afin qu'il parte, ce qu'il a fait aussitôt qu'il a eu la marchandise en main.

J'ai appris par la suite qu'il s'agissait pour Rani non pas de se soigner mais d'aller revendre la précieuse pharmacopée à quelques-uns de nos semblables qui n'avaient pas le culot nécessaire ou la connaissance des lois et des renoncements français pour aller eux-mêmes réclamer les pilules tant convoitées. Ainsi comme tu le remarquais c'est bien le contribuable français à qui il est demandé *in fine* de financer tous ces trafics, ces vraies ou fausses maladies qui permettent de rester longtemps et sans travailler dans le pays.

Une fois encore je dois le redire : il est compréhensible, il semble même fatal, qu'un nombre non-négligeable d'individus soient amenés à ramasser cette manne qui leur tombe du ciel. Qui n'en ferait pas autant ? Quand tout est à prendre il est bien stupide de ne pas se baisser pour ramasser.

Lettre XLIX

De Issa à Mamoudou

Combien de fois ai-je moi aussi déploré cette facilité que la France donne à être pillée. Il est certain que si ce pays était le mien j'aurais pris depuis longtemps les armes pour faire cesser tous ces abus. Je commence cependant à comprendre comment cet état de fait peut se perpétuer depuis que je suis admis parmi ceux qui président au destin de la France. Ma place n'est encore que modeste mais certains admirent ce qu'ils appellent ma prestance et me prédisent déjà un avenir sinon de ministre, du moins de chargé de quelque mission de conseil auprès des puissants. Ce monde ne m'attire cependant guère car il est très faux.

Politiciens et journalistes marchent ici main dans la main et oeuvrent à la démoralisation permanente du peuple français dont le destin ne les émeut guère. Chacun cherche à mener sa carrière sur le dos du bien commun plutôt qu'en son nom. Ces gens n'ont cesse d'enseigner au peuple le dégoût de lui-même et de la France, car eux-mêmes ne s'en soucient déjà plus, sinon comme d'une ressource à exploiter pendant qu'il en est encore temps. Aucun ne possède une quelconque vision d'avenir, tous ne cherchent qu'à fondre le pays dans un ensemble plus vaste et se cherchent en permanence des maîtres au-delà des fleuves et des océans. Nulle part tu ne trouveras l'un d'eux pour te dire du bien de son pays. Ils semblent même mettre un point d'honneur à le rabaisser à chaque occasion. Tu ne trouveras pas non plus classe plus fière de ses privilèges et de sa supériorité. Ces gens n'aiment rien tant que de mépriser le peuple qu'ils considèrent comme une masse d'idiots à qui il convient de montrer sans cesse le droit chemin et de dire ce qu'elle doit penser en toutes choses.

Les journalistes, pendants des politiciens avec lesquels ils n'hésitent jamais à former des unions au sens propre comme au figuré, se sont donné une mission hautement pédagogique. Ils se sentent investis d'une tâche supérieure qui est d'éclairer la masse de sorte qu'elle comprenne enfin que ses intérêts sont d'obéir le plus docilement possible à une caste qui sait toujours ce qui est meilleur pour elle.

Rien n'est plus aisé aux journalistes que ce rôle de clergé chargé de dispenser aux gueux la morale voulue par les élites car toute la presse est littéralement à la solde de l'État. Cela paraît incroyable mais en France les journaux sont subventionnés par l'État à la mesure de leur tirage et sont de fait les obligés du pouvoir qui les aide à survivre. Autrement nombre de ces feuilles auraient disparu faute de lecteurs, comme ce quotidien qui prétend parler au nom de l'humanité et que le trésor public continue à maintenir en vie au prétexte qu'il ferait partie d'une sorte de patrimoine national et servirait la noble mission de la presse qui est d'assurer la « pluralité des opinions ». Cette pluralité est d'ailleurs toute relative et n'existe que dans le nombre des journaux, car pour ce qui est du discours ils n'ont guère de réelle dissension entre eux. S'il leur arrive d'entrer en contradiction, ils savent se réconcilier pour faire barrage à une série d'idées qualifiées de « nauséabondes » ou « d'anti-républicaines », catégories qui en réalité regroupent toute critique, même timide, de la façon dont fonctionne le système politique et surtout de ses choix en matière d'immigration, à propos de laquelle la seule opinion autorisée est qu'elle n'est pas plus importante qu'il y a cent ans mais qu'elle constitue paradoxalement le seul vrai peuple de France, lequel peuple d'ailleurs n'est qu'une construction idéologique souvent fantasmée, sauf lorsqu'il s'agit de le blâmer pour tous les maux de la terre. En cette occasion alors le peuple de France authentique et enraciné existe bel et bien, et tout est de sa faute. Cette subtile dialectique n'a jamais de fin et trouve toujours sa raison envers et contre tout.

Les journalistes bénéficient en France d'un privilège fiscal digne de l'Ancien Régime, puisqu'en raison de leur appartenance à un ordre chargé de s'occuper des choses morales ils bénéficient d'une réduction substantielle de l'impôt. On ne saurait en France traiter de façon identique les journalistes et les gens ordinaires. Ce pays qui hurle si fort à l'égalité sait en définir les byzantines limites en fonction des intérêts bien compris des puissants, lesquels savent que tout le système politique et moral sur lequel ils s'appuient a besoin pour continuer à exister que des factotums s'en fassent les hérauts auprès du peuple dont ils modèlent le consentement moitié par séduction moitié par menaces et anathèmes. Voilà le rôle véritable des journalistes en France.

Abusés en permanence par ces troupes d'occupation mentale, les Français en sont venus à perdre tout esprit de révolte, du moins pour la majorité d'entre eux. Je n'imaginais pas que les fadaises, les fables insensées et les mensonges qu'on me demande de leur réciter soient aussi aisés à faire entrer dans leurs têtes. Encore ne suis-je qu'un pauvre hère isolé à qui l'on a mis des lunettes pour qu'il paraisse plus crédible lorsqu'il va raconter son histoire dont le pathétique a été soigneusement orchestré par d'habiles falsificateurs. Je commence seulement à comprendre l'effet colossal qu'une propagande permanente répétée partout et toujours peut avoir.

Je ne sais dès lors qui blâmer, des Français ou de leurs maîtres. La passivité des premiers, leur propension à accepter les pires mensonges sans objecter, me semblent parfois justifier la duplicité des seconds. Comment un peuple peut-il espérer obtenir le respect de ses élites s'il leur prouve à tout instant qu'il est manipulable à souhait, et toujours prêt de surcroît à payer pour être humilié. Je ne sais qui est plus à blâmer d'un peuple soumis ou d'une élite égoïste et cynique. J'en viens parfois à me demander si les Français ne méritent pas leur sort tant ils semblent prêts à souffrir toutes les humiliations. Je crains moi-même de céder à ce cynisme depuis que je suis entraîné dans le sillage des dominants qui me demandent, en échange d'un peu de confort, d'être un de leurs porte-paroles dociles.

On n'imagine pas en effet ce que cela fait de mentir souvent et par profession. Au départ j'en avais honte et je m'attendais à ce que chacun me perce à jour lorsque je racontais mon périple savamment arrangé pour me donner un rôle inspirant à la fois pitié et admiration. Mais à force de voir ces mines graves et empathiques qui buvaient mes paroles je me suis senti d'une importance telle qu'on ne m'en avait jamais donnée auparavant, et j'avoue que cela était très agréable ; à force de donner leçons et conférences toujours sur le même thème avec les mêmes accents pathétiques lancinants, à force aussi de m'entendre dire à ceux qui venaient m'écouter que c'était eux les racistes, les mauvais, et à force de voir qu'ils m'en acclamaient d'autant plus et qu'ils se mettaient à croire de toutes leurs forces dans ma capacité à régénérer leur vieux sang millénaire, alors je me suis pris à les mépriser, eux, leur bêtise, leur veulerie, leur soumission volontaire.

Mon âme tente de se défendre de ces sentiments peu honorables mais je suis incapable de les empêcher de naître en moi, et je ne sais si je tiendrai longtemps à ce jeu ou si bien au contraire j'y prendrai tellement goût qu'il me semblera naturel de mentir.

Ousmane, mon vieux camarade qui, tu t'en souviens, n'a jamais été travaillé par les mêmes scrupules que moi, s'est bien plus vite adapté à ce nouveau monde. Il a été immédiatement reconnu comme un personnage de qualité par une catégorie bien particulière qui s'occupe de divertissement et de cinéma, et j'ai récemment reçu une lettre de lui qui me raconte combien il a su faire son chemin.

Lettre L

De Ousmane à Issa, à Montreuil

Il y a bien longtemps que je ne t'ai pas donné de mes nouvelles depuis la promotion que nous a valu notre exploit. Je crois que j'étais fait pour ce genre de métier car je me suis bien vite entendu avec tous ceux qui étaient chargés de rendre notre histoire la plus touchante et la plus attrayante possible pour le public. Quelque ponte de la profession avait été mandé pour que notre histoire soit la mieux adaptée pour la télévision et les journaux. À force de frayer avec ces gens pendant que toi tu t'envolais vers le monde de la politique, j'ai découvert combien ils étaient sujets aux mêmes vices que le monde de la rue que nous avions quitté depuis peu. Rien de ce que nous avons connu ne leur est étranger en fait de dépravations. Mon expertise en matière de substances interdites a été mise à profit rapidement. Tu n'imagines pas le nombre de ces gens que j'ai pu fournir en drogues de toutes sortes. Ils ont bien compris que je pouvais aller là où eux ne sauraient s'aventurer pour trouver les contacts nécessaires. J'ai su mener ma barque habilement, je le crois, car ce genre de commerce n'est pas sans susciter la jalousie de ceux qui sont déjà bien en place et ne souhaitent rien tant que d'écarter à tout prix les nouveaux venus, exactement comme je l'ai vécu dans la rue, à cette différence qu'ici l'argent circule en plus grande quantité.

J'ai eu la chance d'attirer l'attention d'un réalisateur de films bien en cour dont la passion pour la cocaïne tout autant que la volonté de se montrer antiraciste à tout prix ont fait de lui un de mes admirateurs les plus fervents. Il ne tarit jamais d'éloges à mon sujet et me fait mille promesses, pourvu que je lui apporte ce dont il a besoin en matière de produits psychotropes. L'autre jour lui est venue une brillante idée. Il a d'ailleurs mille brillantes idées à la seconde dès qu'il est sous l'influence du philtre interdit dont je lui ai trouvé une source particulièrement pure. Les paroles s'enchaînent et il me promet monts et merveilles. Sa dernière lubie est de faire un véritable film construit autour de ma personne. Je vais devenir le héros d'un conte moderne, ainsi qu'il explique la chose. Moi, simple migrant devenu citoyen modèle à force de pugnacité et de sacrifice, tel est son fil directeur.

Il m'a plusieurs fois exposé le projet avec enthousiasme, sans manquer de m'expliquer que l'argent à réunir pour son projet ne serait pas difficile à trouver. Un appel ici, un autre là, et ses relations lui permettraient à coup sûr de récolter les fonds nécessaires sous forme de subventions. Car c'est ainsi que tout fonctionne, à ce que j'ai compris. Il existe un organisme chargé par l'État de répartir une partie de l'argent des impôts entre quelques cinéastes et autres producteurs de spectacle et de divertissement, pourvu qu'ils adoptent un ton et un sujet qui servent les intérêts de la minorité qui décide ce qu'il faut dire et penser sur tous les sujets. Quel a été mon étonnement de constater que tout fonctionne exactement comme ces fameuses associations auxquelles nous avons eu à faire lorsque nous sommes tous deux arrivés ici ! C'est à croire que l'argent durement gagné par les Français et absorbé sous forme d'impôts doit nécessairement être reversé à des coteries qui s'entendent à faire valoir leur supposée utilité, et ce avec toujours le même argument moral qu'il faut être humaniste, ouvert à l'autre, opposé à toute forme de frontière, de discrimination, de sélection. L'idée de ces gens, en haut comme en bas, est toujours la même : tout est universel, rien ne compte que les valeurs, les idées généreuses qui disent de faire le bien envers tout homme pourvu qu'il vienne de loin et n'ait rien à voir avec le pauvre, le lourdaud autochtone qui est, lui, accablé des pires défauts.

Ainsi ce cinéaste fort connu qui souhaite m'offrir un destin et s'offrir la réfection de sa demeure aux frais du contribuable français est un fervent propagateur de cette morale qui lui rapporte confort intellectuel et matériel, dont je ne sais lequel des deux il aime le plus. Il se pose d'ailleurs en homme du peuple et habite la ville de Montreuil, une banlieue proche de Paris bien fière de son héritage communiste et de ses Maliens dont on dit qu'ils en font la deuxième ville la plus peuplée par eux après Bamako. Ces derniers en tirent une grande fierté mais je me demande ce qu'ils diraient s'ils avaient une ville presque aussi grande que Paris aux abords de leur capitale et qui ne serait peuplée que de Français.

Au moins tu peux imaginer que je ne me suis pas senti complètement dépaysé bien qu'on croise toutes les ethnies de l'Afrique et du Maghreb dans cette ville. On y trouve toutefois encore des Français dont la plupart sont de nouveaux arrivants, thuriféraires de ce qu'ils nomment « diversité vibrante » ou « mixité sociale » et qui les attire ici. Ils se sont installés récemment, séduits par les prix moins chers des logements laissés vacants par d'autres

Français de plus basse extraction qui n'avaient déjà plus les moyens d'y habiter. Ainsi toute une bourgeoisie artistique et intellectuelle s'est accaparé les habitations des classes populaires dans les métropoles, les chassant ainsi loin des villes tout en prétendant en être proche car elle en conserve le décorum[25].

Ces nouveaux bourgeois, pas assez riches pour s'installer dans le centre huppé de la capitale, pas assez bourgeois non plus dans en esprit, ont trouvé de quoi satisfaire leurs ambitions immobilières à moindre coût et leur besoin d'altruisme social. Ils sont bien souvent issus de cette classe d'artistes et de saltimbanques demi-bourgeois pour qui être vu comme membres des couches supérieures de la société est une infamie. Ils se rachètent un semblant de légitimité populaire au détriment du vrai peuple et en profitent pour se poser en chantres de toutes les causes les plus humanitaires et partant comme en défenseurs de la morale qui y préside.

Le cinéaste m'a donc convié chez lui. J'ai croisé à quelques dizaines de mètres de sa porte ceux qui étaient hier encore mes camarades d'infortune, dont je soupçonne qu'ils se livrent au commerce de la drogue sous la tolérance des autorités qui préfèrent les voir ici que dans Paris même.

En arrivant devant la porte de l'auguste personnage j'ai cru m'être trompé d'adresse car je me trouvais face à une porte immense toute de métal qui rappelait plutôt la forteresse d'un tyran que la demeure d'un artiste. Lorsque j'ai sonné une caméra m'a scruté longuement avant que la porte ne finisse par s'ouvrir pour me laisser passer et aussitôt se refermer brutalement derrière moi. Je me

---

25 Sur la gentryfication, voyez *No Society* de Christophe Guilluy et *No Fake* de Jean-Laurent Cassely.

trouvais alors dans une cour, attendant que mon hôte se manifestât, quand une femme surgie de nulle part m'a demandé fort sèchement ce que je faisais dans ces lieux tout en menaçant d'appeler la police. Heureusement le cinéaste vint promptement dissiper le malentendu et la femme s'excusa avec un sourire quelque peu crispé en expliquant que les cambriolages et autres méfaits n'étaient pas rares et que c'était la raison de sa méfiance envers moi. Je soupçonne que ma ressemblance physique avec les aigrefins que je venais de croiser dans la rue n'était pas pour rien dans cet incident mais je n'en fis pas état, tout autant pour ne pas nuire à ma situation que pour ne pas mécontenter mon hôte.

Celui-ci me guida vers ses appartements. Tu ne saurais imaginer ce qui se peut cacher derrière les hauts murs que je venais de franchir. Ce n'était plus la rue entretenue de façon approximative, les graffitis et les traînards, mais un havre de propreté, de calme et de luxe qui s'ouvrait devant mes yeux. Assurément le cinéaste était fort bien installé, et il m'expliqua que tout l'immeuble, qui était autrefois une usine, était habité par quelques familles qui elles aussi exerçaient des professions artistiques. Il y avait là un compositeur de musique et une chorégraphe, tous oeuvrant grâce à des commandes publiques ou des subventions.

Ces gens ont un grand sens de la famille, ce qui est peut-être le seul trait commun que je leur trouve avec nous autres Ouaquandais. Ils ne ménagent aucun effort pour que leurs enfants suivent leurs traces, qu'ils soient doués ou non. Ainsi mon cinéaste a deux fils qui eux-mêmes exercent, grâce aux recommandations de leur père, le même métier que lui, dont beaucoup rêvent. Un troisième a préféré se lancer dans la musique et son père n'a eu qu'à faire quelques mètres hors de chez lui pour le recommander à son voisin compositeur qui lui était redevable car notre cinéaste lui avait commandé autrefois une musique pour ses films. Ainsi les talents, ou à défaut les capitaux, restent dans la famille et ne circulent qu'entre gens du même milieu qui peuvent à loisir se consacrer à ces activités créatives souvent coûteuses mais rarement profitables. Ainsi j'ai appris que le fils le plus talentueux de mon hôte n'avait jamais réussi à produire une œuvre cinématographique qui engrangeât quelque bénéfice, mais le système fort complexe de subventions lui permettait de continuer à exercer son occupation sans s'inquiéter aucunement des problèmes matériels de ce bas monde. N'est-il pas magnifique de voir un État se soucier à ce point des arts de toutes sortes qu'ils permettent aux créateurs de vivre sereinement et de se consacrer uniquement à leur travail ?

À l'évidence ce système n'est pas parfait, car ainsi que je viens de te l'indiquer, ne devient pas artiste qui veut. Il faut avant toute chose posséder les contacts, connexions et connaissances nécessaires, et cela est bien plus important que toute autre chose, y compris la maîtrise technique d'un art, quel qu'il soit. Ces gens sont bien malins, ils ne laissent pas n'importe qui s'approcher du plat de manioc. Les places sont bonnes et rares, il convient de les garder dans le cercle le plus étroit possible, et j'ai bien compris que c'est ainsi que mon cinéaste de Montreuil entendait que le monde fonctionnât.

Quant à moi c'est le statut bien particulier de migrant passé par mille tourments qui me vaut d'être admis momentanément dans ces cercles fermés et je compte bien saisir la chance tant qu'elle est là.

Lettre LI

De Mamoudou à Issa, au pays de Cocagne

Mon frère, voici une fort bonne nouvelle : je suis enfin débarrassé de Rani, que les autorités ecclésiastiques qui l'ont pris en charge ont décidé d'envoyer à Paris. J'avoue que cela est un soulagement car cet individu ne m'a apporté que des soucis. J'ai cru comprendre que ces braves chrétiens lui avaient trouvé un poste de gardien de nuit dans l'un de leurs édifices les plus fameux. Il pourra ainsi, dans la solitude de l'obscurité, méditer sur sa vie tout en trouvant subsistance. J'espère que ses journées seront trop occupées par le sommeil pour qu'il puisse songer à commettre quelque méfait.

Pour ma part je commence à être fatigué de ce pays de France dans lequel je suis balloté ici et là sans jamais trouver la solution que je cherche pour m'y installer. Je regrette souvent de ne pas avoir accepté finalement de me marier avec Jacqueline. Mon quotidien aurait été difficile, je n'en doute pas, mais au moins aurais-je eu le bénéfice du confort et de la stabilité. J'ai entendu parler d'une ville qui se nomme Calais depuis laquelle il est possible de rejoindre l'Angleterre, pays dont tous disent qu'on y trouve bien plus d'opportunités qu'ici.

Je ne sais que décider à ce sujet car parmi les nombreuses merveilles de France il y a cette entité qu'on appelle CAF et qui, telle une inépuisable corne d'abondance, dispense des richesses à tous ceux qui, comme nous, n'ont rien ou presque et viennent de pays lointains. Je croyais qu'il s'agissait d'une légende comme il en circule tant sur le continent africain mais depuis que je suis ici j'en ai entendu parler à de nombreuses reprises par des témoins dignes de foi.

Pour peu qu'on dispose de quelques documents, la Corne d'Abondance Française s'ouvre et distribue de l'argent qui permet de se loger, d'élever ses enfants et tant d'autres choses. Sa générosité est telle que certains peuvent se passer de tout travail grâce à elle. Il faut bien souvent pour cela de nombreux enfants, mais tu sais que cette condition est facilement remplie par nos frères qui sont vigoureux et bien souvent à l'origine d'une descendance nombreuse. Lorsque j'ai appris l'existence de cette source intarissable j'ai voulu me rendre compte par moi-même. Il n'a pas été difficile d'obtenir l'adresse d'un des nombreux établissements où il est possible de faire valoir ses droits – car ainsi que tu as pu t'en rendre compte, tout en France fonctionne selon les droits qu'on peut réclamer à tel ou tel titre. Il semble que tout le monde ait un droit spécial à quelque chose dans ce pays. Tout un chacun, citoyen ou étranger, présent légalement ou illégalement sur le territoire, peut trouver un droit à revendiquer qui bien souvent conduit à recevoir une compensation quelconque en espèces sonnantes et trébuchantes.

La France a la frénésie des droits, surtout quand ils représentent une créance que l'on peut présenter à l'État, qui doit en retour s'occuper de l'ayant droit. Il arrive que cette créance ne soit que morale, mais c'est un outil tout aussi puissant qui fait plier tout et tout le monde. Tel se réclame d'un lointain ancêtre qui aurait peut-être servi dans l'armée de France il y a cent ans et le voici légitime à se réclamer plus français que les Français ; tel autre se plaint que des Français soient venus coloniser ses aïeux au fin-fond d'un pays sauvage et cela justifie toutes les demandes d'excuses et de contrition qu'il pourra faire à l'égard de l'ancien colonisateur, oubliant souvent que celui-ci en partant a laissé le pays autrement plus florissant et peuplé qu'il ne l'avait trouvé. Il y a mille façons de réclamer en France, qu'on soit un autochtone ou non, et à chaque fois il faut en retour que quelqu'un paye ou batte sa coulpe pour un préjudice réel ou imaginaire, fût-il oublié depuis des lustres.

Le résultat est bien triste puisque le peuple français lui-même se perd dans ces revendications tout en déplorant ici ou là les effets destructeurs de ces droits à tout et n'importe quoi. Ainsi l'étranger ou le fraîchement arrivé et naturalisé peut trouver tout ce dont il a besoin dans l'arsenal moral et juridique qui, s'il ne le comprend pas, lui sera expliqué dans les moindres détails par ces fameuses associations auxquelles nous avons eu tant à faire depuis notre arrivée.

Le résultat est hors de toute imagination. J'ai été rôder autour des bâtiments qui abritent cette Corne d'Abondance Française dont je t'ai parlé. Je n'en ai pu croire mes yeux : une foule interminable y fait la queue tous les jours et l'on croirait que de tous les douars, de tous les bleds, de toutes les savanes sont venus des représentants, comme à une grande assemblée de tous les peuples de l'Afrique et d'une partie de l'Asie. Ce ne sont qu'hommes et femmes qui pour la plupart ne parlent point le même langage et qui traînent avec eux force jeunes enfants. On y entend les syllabes tour à tour bruissantes, rauques ou sifflantes d'une multitude de langues à tel point qu'on se croirait à Mégara, faubourg de Carthage, dans les jardins d'Hamilcar[26]. C'est dans cette moderne Babel qui rassemble tout ce que le monde compte de peuple que vient jaillir l'argent amassé par l'État vers les multiples mains tendues et poches ouvertes de cette incroyable assemblée, dans laquelle nos frères et sœurs de religion

[26] L'auteur de cette lettre connaît assurément Flaubert.

sont en bonne place si j'en juge par le nombre de femmes portant le voile traditionnel que j'ai vues là.

De cette merveille dont tous viennent profiter je ne saurais dire si je l'approuve ou non, car je ne crois pas qu'une telle chose serait tolérable sous nos cieux. Imagine un seul instant le fruit de notre dur labeur dilapidé au profit d'une masse toujours croissante de ces gens venus des quatre coins du monde ! Pas un seul Ouaquandais digne de ce nom ne le supporterait, et je ne sais comment les Français ne se scandalisent pas d'un tel état de fait. Mais comme je te l'ai dit, je pense qu'il faut savoir prendre quand on nous donne et que celui qui se montre si libéral de sa fortune ne mérite pas qu'on se réfrène à la lui prendre. Mon seul regret est de ne pouvoir tirer plus profit de cette manne, et je réfléchis à d'autres stratagèmes en attendant de pouvoir partir pour d'autres horizons.

Lettre LII

De Ousmane à Issa, vertige artistique

Le monde de l'art est bien étrange. Mon hôte, ce cinéaste qui m'a pris en amitié, m'a invité l'autre jour à une fête assez singulière. Nous nous sommes rendus dans une sorte de hangar tout peint de blanc et du genre de propreté impeccable qu'on s'attend à trouver dans un hôpital pour admirer des tableaux et des sculptures élaborés par des artistes de sa connaissance. Je m'attendais à y trouver la beauté et peut-être le sublime, je n'y ai vu qu'un mélange déconcertant de laideur, de provocation aisée et d'indigence technique.

Imagine-toi des sculptures qui ne sont pas la découverte de ce qui sommeille dans un bloc de pierre grâce à la main habile de l'artiste mais des assemblages de métal et de plastique aux formes grotesques et torturées. Représente-toi aussi des objets oblongs parés de couleurs vives rappelant des jouets pour enfants qui auraient été soudain atteints de gigantisme. Imagine des toiles qui ne représentent rien, sinon des formes absurdes et violentes. Imagine encore des représentations religieuses détournées et souillées qui prétendent dénoncer l'emprise d'une Église dont pourtant les crocs et les griffes ont été limés depuis déjà presque un siècle. Voici tout ce que j'y ai vu. J'avoue qu'au-delà de la laideur et du culte de l'informe que j'y ai trouvé, ce qui m'a le plus choqué est cette irrévérence factice pour les choses sacrées, et qui touche d'ailleurs uniquement la religion du Christ par une prudence bien compréhensible, car tu sais – et ces artistes le savent aussi – que s'ils osaient s'attaquer à notre bel Islam les réactions seraient brutales, car par bonheur nos frères croyants ne tolèrent aucune insulte. C'est là une grande force de notre religion que de refuser de plier le genou face au sarcasme et à la moquerie et je suis bien étonné que les chrétiens aient perdu toute dignité.

Ces œuvres qui sont à mes yeux blasphématoires, ou qui le seraient si elles s'attaquaient à notre bien-aimé Prophète, la paix soit sur Lui, n'étaient cependant pas en majorité dans cette exposition. Elles ne formaient à vrai dire qu'une très petite partie de tout ce qu'il y avait à y voir, et n'étaient pas les moins laides. Je ne peux te cacher ma perplexité face à nombre de ces choses qui sont considérées comme de l'art. Il y avait par exemple une poubelle renversée au milieu d'un pièce et tous regardaient cette ordure répandue sur le sol avec un air concerné et inspiré comme s'ils voyaient là non pas une merveille du monde que même des yeux d'enfant peuvent admirer mais plutôt une constatation métaphysique d'importance qui leur était rendue sensible. Je songeais un instant que ces mines graves auraient trouvé matière à réflexion et émerveillement devant le camp que nous habitions lorsque nous sommes arrivés à Paris parmi les amateurs de crack, car c'était la seule chose que cette œuvre étalée devant moi me rappelait. Dans une autre pièce se trouvait un poisson pris dans de la résine comme s'il flottait au beau milieu de l'océan, prouesse technique dont je peinais à saisir la dimension authentiquement créatrice. Plus loin c'est une figurine de culture populaire représentant une sorte de héros de bande dessinée dont la particularité, outre d'être faite de plastique et d'arborer des couleurs vives, était de mesurer plus de trois mètres de hauteur. Le gigantisme de ce jouet faisait un effet certain sur tous les visiteurs tant il est vrai que nous sommes naturellement portés à être impressionnés par tout ce qui est de proportions titanesques. Ce n'est pas tant par ses formes que cet objet se faisait remarquer que par sa pure démesure, ce qui me semblait être une métaphore tout-à-fait pertinente de ce qui se jouait sous mes yeux dans cette exposition[27].

Cette série d'objets grotesques semblait ne pas vouloir finir et provoquait en moi un mélange de nausée et de fatigue, tout comme si j'avais absorbé de la nourriture en excès. Je décidai alors de m'asseoir et je cherchai un siège. J'avisai une chaise abandonnée le long d'un mur et je m'y laissai choir un instant, mais quel ne fut pas mon étonnement lorsqu'une personne à l'air paniqué s'approcha de moi pour me dire que je venais de m'asseoir sur une œuvre. J'avais presque commis un sacrilège et je me levai promptement pour aller chercher du calme un peu plus loin. Je ne trouvai d'autre possibilité que de

---

[27] À ce sujet le lecteur consultera avec profit *Hubris*, de Jean Clair.

m'asseoir quelques instants à même le sol dans un endroit de la galerie qui me semblait désert. Je me mis à somnoler, peut-être quelques minutes mais guère plus. Quelle ne fut pas ma surprise quand j'ouvris à nouveau les yeux et levai la tête de me voir entouré d'une dizaine de personnes qui me scrutaient en silence, échangeant parfois quelques mots entre elles. Certaines même me prenaient en photo et j'en étais assez gêné. Je ne savais quoi faire pour sortir de cette situation quand soudain mon malinphone vibra en émettant le bruit caractéristique qui annonce l'arrivée d'un message. Par réflexe je le sortis de ma poche pour prendre connaissance de ce qu'on m'envoyait. Ce mouvement suscita des exclamations d'étonnement et d'admiration parmi ceux qui me regardaient et ils redoublèrent d'attention quant à mes faits et gestes. Je ne pouvais que leur sourire, ignorant de ce qu'ils me voulaient et je m'apprêtais à me lever quand une femme habillée tout de noir intervint pour expliquer à l'assistance que la performance artistique qu'ils attendaient allait avoir lieu et que tous se trompaient en croyant voir en moi une œuvre d'art. Il y eut un murmure dans l'assistance.

Comprenant que certains auraient pu se sentir joués, la femme, en professionnelle accomplie, déclara que cette erreur sur la personne et sur l'œuvre dont j'avais été l'objet était l'occasion de réinterroger la notion d'œuvre même et de mettre en abîme la place de l'artiste dans sa relation au monde réel à travers une œuvre auto-générée. J'avoue ne pas avoir très bien compris où elle voulait en venir, sinon à sauver la face, mais je fus bien aise que l'assistance se soit alors laissée aller à force approbations et regards entendus avant de se tourner vers la performance tant promise qui était sur le point de commencer.

Je me mêlai à la foule pour observer la chose. Une femme fit son entrée, entièrement nue, le corps recouvert de peinture bleue. Elle avait tout-à-fait l'air d'une folle avec ses cheveux ébouriffés et son regard qui roulait de droite à gauche en permanence. Elle s'approcha jusqu'à se trouver au centre de l'assistance qui formait un cercle puis se mis à pousser une sorte de hululement tout en sautant sur place avec les jambes écartées. Soudain, un flot de peinture rouge se mit à couler de son entrejambe à ma grande stupéfaction, stupéfaction que ne semblait pas partager l'assistance qui attendait la suite avec un sérieux consommé. La femme recueillit alors ce liquide rouge dont elle s'enduit le visage et le buste en poussant des hurlements puis soudain se tut et, les bras en croix, se laissa choir sur le sol pour ne plus bouger. Nous attendions tous qu'il se passât quelque chose mais la femme en noir qui était venue dissiper auparavant le malentendu dont j'avais été l'objet vint cette fois lancer les applaudissements, annonçant ainsi que la performance était terminée et que tous pouvaient manifester leur admiration en frappant dans leurs mains.

Le comportement de cette femme me laissait perplexe tant il dépassait ce que je pouvais avoir vu de transes et de danses dans nos villages africains, et j'appris en saisissant une bribe de conversation que cette performance visait à montrer la réappropriation du corps menstrué face au patriarcat oppressif, et que l'artiste d'origine ukrainienne qui venait de se produire devant nous avait dû fuir son pays en raison des persécutions que son art radical et engagé lui avait values. Pour ma part je ne doute pas un instant que si une femme de nos villages s'était conduite ainsi son mari n'aurait pas hésité à la corriger comme il se doit et je n'étais donc pas étonné d'apprendre qu'elle avait dû fuir un pays dans lequel, à l'entendre, il restait encore des hommes qui refusaient de se laisser gagner par la folie te l'absurdité, et que j'appellerais pour ma part de vrais hommes.

Après cette performance l'ensemble des invités fut convié à un buffet. Je m'approchai pour boire car le spectacle m'avait asséché la gorge tout autant qu'il m'avait quelque peu coupé l'appétit, et je me contentais d'un verre d'une eau gazeuse fort en vogue pendant que je voyais tous ces hommes et femmes qui prétendaient à l'élégance et aux questionnements intellectuels et artistiques se ruer sur la nourriture comme si aucun d'entre eux n'avait eu à manger durant toute une semaine – à tel point que je me demandai même si certains ne s'étaient pas sciemment privés de nourriture dans la journée pour pouvoir profiter à plein.

Soucieux de bientôt quitter ces lieux j'approchai mon bienfaiteur cinéaste que je trouvai en grande conversation avec l'artiste ukrainienne qui avait donné spectacle de son corps quelques instants plus tôt. Elle était maintenant habillée et une fois débarrassée de cette couleur outrancière dont elle avait été peinte auparavant semblait une plutôt jeune et jolie femme qui avait troqué sa coiffure délirante pour une tresse du plus bel effet. Elle n'avait cependant su se départir de ce regard possédé et inquiétant que je lui avais remarqué et j'en conclus qu'elle devait avoir une personnalité pour le moins instable et difficile à circonscrire. Mon hôte ne semblait pas le moins du monde gêné ni par sa différence d'âge conséquente avec elle ni par les envolées lyriques dont elle faisait preuve de temps à autre dans son discours, envolées qu'il approuvait avec force hochements de tête et sourires. Je compris rapidement qu'il allait me falloir rentrer seul.

J'étais sur le point de quitter ces lieux quand un homme m'approcha. Il était tout de noir vêtu lui aussi et présentait une complexion très pâle encore accentuée par la maigreur de son visage et par quelque khôl dont il s'était enduit les paupières. Il m'aborda en me demandant négligemment ce que j'avais pensé de ce vernissage et devant mon hésitation à porter un jugement dont je craignais qu'il ne le contrarie, il continua sans attendre ma réponse en m'expliquant doctement que toutes ces œuvres étaient de l'art car les artistes qui les avaient créées en avaient décidé ainsi. Dans son système l'artiste désignait l'œuvre et lui donnait sa qualité, qui ne dépendait plus alors de ce qu'elle était intrinsèquement mais plutôt de celui qui l'avait faite, pourvu qu'il ait cette mystérieuse distinction qui fasse de lui un artiste. Je lui demandai alors comment on pouvait être artiste avant même qu'il y eut une œuvre pour témoigner de cette qualité, et il me répondit en exposant le paradoxe que justement n'importe qui pouvait être artiste, à condition de l'être déjà, tout comme s'il faisait partie d'une confrérie d'élus qui se reconnaissaient entre eux et se donnaient mutuellement le droit de désigner ce qui était de l'art et ce qui n'en était pas. Lui-même était artiste et pensait avoir reconnu en moi un confrère tant il avait été impressionné par ce qu'il appelait ma performance, bien qu'il fût obligé de reconnaître que puisque je n'étais pas officiellement un artiste je ne pouvais réellement avoir créé une œuvre.

Je craignais de perdre complètement le fil de son discours quand il abandonna soudain cette phénoménologie au profit d'un sujet plus concret et me demanda si, en qualité de futur artiste, je pouvais l'aider à acquérir quelque substance propre à stimuler sa créativité. Je compris aussitôt où le drôle voulait en venir. Par chance il me restait encore un peu de marchandise que je fournissais régulièrement à mon protecteur cinéaste et à ses amis, et je pus contenter cet artiste qui, je dois le mentionner, ne se fit pas prier pour me donner la somme que je demandai alors qu'elle était, je l'avoue, un peu plus élevée que ce que j'aurais pratiqué en d'autres circonstances.

Il faut bien te rendre compte que ces gens ne regardent pas à la dépense car ils vivent dans un monde où tout est constamment surévalué. Cela est le principe même de leur commerce. Ainsi toutes ces œuvres que je venais de voir valent des sommes considérables et alimentent un marché qui a pour particularité d'être assez peu pressuré par l'impôt et permet de faire passer de mains en mains des fortunes importantes, rendant ainsi riches les artistes et permettant à ceux qui en sont les mécènes de multiplier les pièces de leurs collections qu'ils revendent de temps à autres afin que leur valeur ne soit pas oubliée. Comme pour beaucoup de choses en ce monde, ce commerce est alimenté de vanité tout autant que de cupidité. Il faut se faire reconnaître comme fin connaisseur et pour cela ne reculer à aucune dépense, fût-elle d'une grande absurdité. Cela montre à la fois votre richesse et entérine votre appartenance à certains cercles initiés tout en maintenant une partie de votre fortune à l'abri du fisc. Bien évidemment ce manège aux vanités ne peut s'étendre infiniment et il faut bien que de temps à autres un naïf fortuné vienne engloutir des sommes colossales dans quelques œuvres dont plus personne ne veut et qu'il sera obligé de conserver dans un hangar jusqu'à la fin des temps tout en gardant le secret sur sa déconvenue pour éviter de passer à la fois pour un jocrisse et pour un homme sans goût.

Parfois certains ne se contentent pas d'être artistes et deviennent leurs propres spéculateurs en achetant en secret les œuvres qu'ils ont eux-mêmes créées pour gonfler leur valeur aux yeux du public fortuné qu'ils visent.

Vanité et goût du lucre noyés dans un océan d'absurdité et de mégalomanie, voilà ce que j'ai vu ce jour. Du beau, je n'en ai point rencontré, à tel point que je crois bien qu'il a été abandonné volontairement.

Lettre LIII

De Issa à Ousmane, à travers Paris

Ta lettre, mon cher frère, arrive par une étonnante coïncidence au moment même où je rentrais d'une promenade à travers Paris durant laquelle je suis arrivé à une bien triste constatation qui rejoint la tienne : le beau n'est plus une préoccupation de ces peuples européens chez qui nous voyons tant de merveilles issues des siècles passés. Comme tu le sais je ne suis pas uniquement un grand admirateur de la littérature française qui m'a été enseignée au village par un instituteur à l'ancienne mode, mais aussi un fervent amateur de l'architecture foisonnante qu'on trouve dans les pays européens. J'aime aussi passionnément nos frustes cases ancestrales qui sont pour moi le berceau de mon existence et que je ne pourrai jamais renier. J'en admire la simplicité brute et la forme achevée que lui ont donné des siècles de tradition[28], mais je dois bien reconnaître que l'Europe offre des merveilles d'une autre dimension.

Lorsque nous sommes arrivés à Paris, comme tu t'en souviens certainement, j'ai parcouru cette ville comme livreur à bicyclette et j'ai pu en connaître les moindres recoins, en contempler l'architecture ordonnée et

---

28 L'auteur de cette lettre retrouve instinctivement l'effet Lindy en architecture.

harmonieuse qui lui fait cette réputation de plus belle ville du monde. Ce style uniforme né du XIXème siècle est certes parfois pesant et je préfère les constructions plus baroques qu'on trouve parfois ici ou là, issues des débuts du siècle dernier ; je ne suis pas non plus insensible aux lignes rigoureuses qui se sont imposées par la suite, mais j'ai la triste impression que le souci esthétique s'est depuis quelques décennies évanoui au profit d'un utilitarisme angoissant.

Tous les bâtiments récents que je vois dans ce pays sont d'une affreuse laideur, sans aucun souci du détail ni recherche d'une quelconque ornementation qui les rendraient agréables à l'œil. Ne crois pas qu'il s'agisse là d'une recherche de sobriété, c'est bien plutôt une absence totale d'imagination et de conscience du beau. La sobriété, le minimalisme austère, sont les styles les plus difficiles à pratiquer et rares sont ceux qui s'y essaient avec succès. Pour les autres, il en résulte uniquement des cubes sans grâce, aux proportions qui heurtent la sensibilité naturelle des hommes. Pire encore sont les arrogantes constructions de verre et de d'acier qui sont destinées à l'entreprise et au travail. Elles ne ressemblent à rien sinon à autant de miroirs érigés pour refléter le vide de l'époque. Viennent encore ici et là des constructions de prestige qui ne sont pas sans rappeler les œuvres aux formes grotesques que tu me décrivais si bien dans ta dernière lettre. Ainsi je suis passé l'autre jour dans le nord-est de Paris le long d'un bâtiment dont j'appris plus tard qu'il s'agissait d'une vaste salle de concert destinée à la musique savante. Ses formes étaient torturées et ne cherchaient rien d'autre qu'à se faire remarquer par une originalité forcée, et je me demandai quel genre de musique serait inspirée par cette chose dont on ne savait trop ce qu'elle voulait représenter sinon le désir de l'architecte d'être reconnu comme unique

– et unique il l'est certainement dans sa recherche de la laideur.

J'ai plus tard eu l'occasion de converser avec un architecte de profession qui était l'heureux récipiendaire d'une commande publique, ce qui lui assurait un revenu conséquent, toujours grâce à l'argent du contribuable français. Je pris mon air le plus innocent pour lui demander ce qui faisait qu'on voyait tant de bâtiments si dépourvus de toute beauté. Il dut se fier à ma bonne mine car il se départit de l'air souvent supérieur qu'aiment à arborer ses pareils et m'avoua sur le ton de la confidence que l'architecte moderne ne pouvait faire que deux choses dans ce monde. D'une part s'il cherchait à bâtir pour fournir des habitations il ne pouvait que traduire en plans puis en constructions les milliers de normes qui règlementent la moindre tentative de bâtir et étouffent toute intention de faire quelque chose de beau ; d'autre part s'il voulait accéder à la commande publique ou privée somptuaire il ne pouvait que se plier à une surenchère dans l'incongru et le bizarre s'il voulait avoir la moindre chance de rivaliser avec ses nombreux concurrents. C'était un assez brave homme qui me prit d'autant plus en amitié que je lui donnai l'occasion de libérer une honnêteté qu'il avait longtemps bridée pour pouvoir survivre dans sa profession. Il m'avoua d'un air fataliste que le beau n'était plus à l'ordre du jour et avait totalement déserté l'esprit de sa profession et de tant d'autres dans lesquelles se trouvait autrefois l'exigence d'une recherche esthétique. Ainsi le beau et l'harmonieux n'étaient depuis longtemps plus des sujets et s'étaient effacés au profit de l'utile ou du transgressif.

Cet homme était assez fin et comprenait bien l'inutilité de se réfugier dans le passé. Il savait bien, comme je le lui dis à plusieurs reprises, que pour l'étranger qui met le pied en Europe, il n'est question que d'en voir les monuments anciens, qui à eux seuls attirent en grand nombre les visiteurs sur ce continent. Cependant il convenait que si l'héritage était une chose, la capacité à faire du neuf était ce qui justement avait permis aux hommes des siècles passés de nous léguer tant de chefs-d'œuvre et de monuments tous différents selon les époques mais tous d'égale valeur pour la postérité.

Pouvons-nous cependant, se lamentait cet homme, continuer à ne vénérer que nos vieilles pierres ? Ce serait avouer que notre civilisation touche à sa fin car elle n'est plus capable de créer, me disait-il, et il déplorait que ni lui ni ses semblables n'étaient capables d'imaginer de nouveaux styles qu'on admirerait aussi bien maintenant que dans les siècles à venir.

Son discours me laissa pensif et je ne réussis pas à m'ôter ses paroles de l'esprit tant ce qu'il m'avait dit résonnait étrangement avec la passivité face à l'injustice et au mensonge que j'avais déjà pu constater parmi le peuple de France. J'en vins à la conclusion qu'il y avait là une connexion diffuse et que l'attitude de renoncement général tout autant que l'absurdité du système politique et administratif trouvait dans le grotesque et le vide esthétique une singulière traduction.

Lettre LIV

De Ousmane à Issa

Mon périple dans le monde des arts me réserve toujours des surprises. J'avais entendu dire que ce milieu était plein de bizarreries, de tours étranges et de gens ayant des idées parfois baroques, mais je suis toujours étonné de découvrir que la vérité est souvent au-delà de ce qu'on imagine, ou parfois se fait l'exacte modèle des clichés qui la veulent caricaturer, si excessifs puissent-ils paraître.

Mon protecteur s'est persuadé que je devais être le héros de son prochain film qui se penchera sur le destin d'un jeune migrant à travers l'Europe. Il est venu me trouver pour me dire que le projet avançait à sa convenance et qu'il avait apporté quelques modifications à l'histoire qu'il souhaite raconter. Je devais dans le projet initial incarner un migrant homosexuel fuyant les persécutions de son pays pour trouver l'amour et un avenir meilleur dans une France tout d'abord hostile mais ensuite parfaitement accueillante et, comme il aime à le dire, « inclusive ». Bien que je frémisse d'horreur à l'idée d'être associé à ce genre de personnage et que j'eus grande envie de protester que je ne souhaitais pas incarner un individu si contraire à ma nature, je n'en fis rien paraître et le laissai discourir non sans ressentir un frisson glacé le long de mon échine. Il me dit qu'il avait dû abandonner cette idée, à regret cependant car il était tout à fait persuadé que ce thème qu'il qualifiait de « porteur » contenait l'assurance de trouver une oreille attentive auprès des organismes chargés d'attribuer aux artistes méritants de grasses subventions. Il ne s'étendit pas sur les raisons qui l'avaient poussé à changer ses vues mais cette nouvelle suffisait amplement à mon soulagement. Le film, me dit-il ensuite, serait maintenant une belle histoire entre un jeune migrant et une femme européenne qui, tout d'abord pétrie de préjugés hostiles aux Africains, se laisse gagner par l'amour et change ainsi ses vues sur le monde et sur l'humanité.

Cette version me plaisait beaucoup plus, d'autant qu'il m'apprit que la femme en question serait incarnée par la jeune artiste ukrainienne blonde qu'il avait rencontrée au vernissage dont je t'ai entretenu dans ma dernière lettre. Il s'agissait à ses dire d'une rencontre artistique majeure et il était persuadé que cette femme donnerait une dimension nouvelle à son œuvre qui en serait d'autant plus forte. De plus il ne désespérait pas de recueillir les fameuses subventions dont la perspective ne quittait jamais son esprit car l'association amoureuse d'un homme noir athlétique et d'une femme blonde jeune et pleine de sève était selon lui le canon ultime du couple qu'il fallait absolument promouvoir ; cette ode charnelle au projet de métissage qui devait être l'avenir du continent européen ne pouvait que séduire les instances qui répandent la manne sur les artistes. Mon cinéaste était donc assuré de faire une œuvre de salut, de paix, d'amour et d'éducation du peuple dont personne ne saurait lui refuser le financement tant le projet était altruiste, démocratique et participatif – bien que l'accent ne soit pas ici mis sur la démocratie[29].

Pour moi, s'il me suffisait de faire quelques caresses à cette séduisante jeune femme pour devenir une vedette de cinéma et toucher la rétribution substantielle qu'il me promettait, la cause était entendue. J'étais prêt à me plier à ses désirs et à jouer ce rôle, quand bien même les aventures que nous allions conter prenaient quelques libertés avec la vérité. Mais, ainsi qu'il le disait lui-même, parfois le mensonge est sinon plus vrai, du moins plus nécessaire que la vérité lorsqu'il s'agit de servir un dessein supérieur. De ce qu'il entendait par là, je te laisse seul juge.

---

29 Formule sibylline dont nous n'avons pas su trouver à quoi elle fait allusion.

Lettre LV

De Issa à Ousmane

Je me suis fort amusé de la situation que tu m'as décrite et pendant un instant il m'a semblé que c'était mon vieil ami Mamoudou qui m'écrivait tant il est dans son inclination de chercher à connaître charnellement des femmes européennes. Il aurait peut-être été plus inspirant que toi pour ton ami cinéaste, qui peut-être n'a pas entrevu toute l'étendue de la ruse que je te connais et qui risque, comme je te l'ai déjà dit, de te perdre. Si néanmoins ta nouvelle situation de future vedette du cinéma français t'apporte la réussite que tu souhaites je ne saurais que m'en réjouir.

Ton histoire m'a d'autant plus frappé qu'elle me semble être partout répandue dans les publicités, films et feuilletons que tant de Français aiment à consommer parfois au-delà du raisonnable. L'union d'un fier Africain et d'une douce Européenne blonde est en vérité le trope le plus répandu qui soit et il ne se passe de journée sans qu'en surgisse ici ou là une image dans les publicités qui s'étalent sur les murs du métropolitain aussi bien que dans les magazines. Cela est d'autant plus étonnant que ce type d'association amoureuse ne se rencontre pas autant dans la réalité que dans les multiples réclames qui de mon point de vue sont quelques peu exagérées. J'éprouve face à celles-ci un sentiment très ambivalent ; je ne sais décider s'il nous faut être fiers de la virilité de l'homme africain ou au contraire dubitatifs quant à son utilisation à des fins de satisfaction d'un fantasme qui paraît fortement enracinés chez les classes supérieures qui produisent ces simulacres.

Ces producteurs d'images et de discours à la destination des masses nous voient, nous autres hommes africains, comme les rédempteurs sexuels qui viendront régénérer la race européenne affadie et métisser son continent historique, berceau de ses peuples et de sa civilisation. C'est un discours fort répandu dans les élites que je fréquente. Elle ne semble jurer que par nous et désignent au contraire l'homme européen comme l'ennemi à abattre. À chaque fois je me demande ce que je sentirais si au cœur même de nos villages d'Afrique nos chefs venaient nous expliquer que seul l'homme blanc était capable de nous régénérer. J'imagine que nous serions assez réticents à cette idée, et que tout peuple qui est prêt à donner ses femmes à des étrangers travaille en fait à sa propre disparition.

J'ai remarqué cependant que les cercles et cénacles les plus hardis à la promotion de cette nouvelle humanité libérée de son européanité grâce à la semence africaine sont généralement constitués uniquement d'européens qui n'aiment rien tant que se retrouver entre eux et pour qui l'Africain n'est que rarement un collègue ou un égal mais doit se contenter de surveiller les portes pour empêcher les importuns d'entrer ou de faire le ménage dans les locaux qu'ils occupent, et ce dès l'aurore ou une fois la nuit tombée, afin de ne pas les déranger dans leur activité diurne. En général ils n'acceptent d'admirer sincèrement un Africain que lorsqu'il devient un champion sportif ou un musicien de renom.

Ils n'ont cesse cependant de prôner la venue toujours plus importante de nos frères sur leur continent ; lorsqu'on leur demande ce que la France pourra bien retirer d'une arrivée si massive que certains la comparent à une invasion, ils répondent que ces nouveaux arrivants sont une nécessité car c'est par leur travail que les retraites des vieux Européens seront payées. Un tel argument me blesse et me rappelle à quel point ils nous méprisent. Ils paieront les retraites ! Ainsi se dévoilent leurs calculs cyniques et faux. Toute leur bienveillance de façade ne cache autre chose que la volonté de nous faire travailler pour pouvoir jouir plus longtemps de l'existence, faute d'avoir suffisamment de leurs compatriotes à pressurer. Nous ne serons donc que des bêtes de sommes dont la destination est de pourvoir à leur confort. Voilà comment ils nous considèrent.

L'imaginaire colonial n'a jamais quitté l'élite française. Elle rêve avec nostalgie de ce temps où le maître blanc pouvait s'entourer de boys africains prêts à le servir docilement et auprès desquels il pouvait se laisser aller à un paternalisme faussement bienveillant, et ce avec d'autant plus de satisfaction que l'Africain ne lui renvoyait pas l'image de lui-même, tout au contraire du petit blanc que le maître méprise et voit avec horreur car il lui rappelle que, tout supérieur qu'il se trouve, il n'en est pas moins homme et sujet à retomber parmi le peuple au moindre caprice de la Fortune.

Tout leur raisonnement me paraît d'ailleurs fallacieux, ou du moins risqué. Comme tu le sais, la plupart de nos frères venus d'Afrique restent longtemps dans la situation difficile qui a été la nôtre en arrivant et ont toutes les peines du monde à devenir des éléments productifs de la société. Je ne conçois alors pas comment ils pourraient payer ces retraites en générant aussi peu de richesses. Ce n'est pas en livrant des repas à l'aide d'un vélocipède que nous permettrons à la France de rester un pays riche qui prend soin de ses anciens. Quand bien même ce système réussirait à fonctionner il accaparerait tellement les richesses produites par les jeunes au profit des vieux que si un jour nous autres Africains arrivions à être suffisamment nombreux, nous pourrions dire tout simplement que nous ne paierons plus pour de vieux Européens, et je ne sais ce qu'ils pourraient faire pour nous en empêcher.

Ce fantasme de l'Africain rédempteur par son action sexuelle et physique qui amènera la société métissée sans racine me semble un projet qui ne peut mener qu'à des choses funestes. Les Français y sont d'ailleurs rétifs malgré l'incessante injonction que leur en font les classes dirigeantes mais il semble qu'à force de répétition, ils finissent de guerre lasse par s'en laisser convaincre. Une fois de plus, nous autres Africains avons bien du mal à être perçus pour notre valeur humaine véritable. Comment pouvons-nous encore accepter d'être les outils du dessein morbide d'une élite dont le peuple même se méfie ?

Lettre LVI

De Ousmane à Issa, à Montreuil

Le destin est facétieux et on ne peut être assuré de rien tant que les choses qu'on espère ou promet ne sont pas accomplies. Le film tant attendu ne se fera pas et ma carrière d'acteur vient de s'arrêter brutalement. Mon protecteur cinéaste est empêtré dans une sinistre affaire. La jeune ukrainienne blonde qu'il comptait engager pour son film vient de l'accuser publiquement d'avoir abusé d'elle. Il s'agit d'une assertion grave qui peut ruiner ici la carrière de n'importe quel homme, d'autant plus que tous les cénacles de pouvoir et de culture sont prêts à se liguer contre l'accusé avant même qu'il ait pu répondre quoi que ce soit. Voici comment peut se faire ou se défaire un destin : il ne tient qu'à une femme de proférer une accusation pour que la chute soit soudaine et brutale de celui qui la veille encore se croyait intouchable. Si tu lis quelques journaux tu verras comme le déchaînement sur cet homme est grand alors même qu'aucun tribunal n'a statué, avant même qu'aucune enquête ne soit ouverte. Nul n'est à l'abri des jugements définitifs de certaines coteries dès lors que ceux-ci sont propagés par une presse toute acquise à la cause qu'elle sert ainsi et qui veut qu'une femme ait toujours raison face à un homme qu'elle accuse d'inconduite. Une fois la sentence prononcée par les journalistes il n'est pas d'appel possible. L'accusé déjà coupable ne peut que se terrer chez lui car ni ses dénégations ni ses contritions ne le sauveront plus.

Pour ce que je sais de l'affaire, nul n'est parfaitement innocent. Mon ami cinéaste avait convié la jeune femme dans sa chambre d'hôtel pour lui exposer les subtilités du scénario. Elle s'y est rendue de son plein gré et je doute quelque peu de sa totale naïveté. Quelle femme ne suspecte pas qu'un homme qui l'invite dans sa chambre ne le fait pas uniquement pour s'entretenir de projets artistiques ou de l'avenir du monde ? Elles sont bien moins idiotes qu'elles ne veulent parfois le laisser croire. Cette Ukrainienne, si elle ne savait exactement ce qui l'attendait, savait parfaitement ce qu'elle voulait. Selon ses dires le cinéaste, qui a au moins deux fois son âge si ce n'est plus, s'est jeté sur elle et a tenté d'attenter à son honneur. Ce dernier clame qu'il ne faisait qu'une proposition galante, chose plus répandue qu'on ne le croit et qui se rétribue par un rôle apportant notoriété et argent. C'étaient en quelque sorte les termes d'un accord tacite que lui offrait de façon cavalière mais non inhabituelle ce cinéaste – et j'avoue ne pas avoir été surpris de la chose tant j'avais vu l'intérêt manifeste que prenait le cinéaste pour cette jeune personne au vernissage où il l'avait rencontrée. Fine mouche, la jeune femme avait compris qu'elle gagnerait plus en notoriété si elle dénonçait les termes du contrat en omettant ce qu'elle pouvait y gagner, plutôt qu'en se soumettant au désir de cet homme. Elle n'a pas fait le mauvais choix, car depuis qu'elle a porté cette affaire sur la place publique le cinéaste a vu toutes ses affaires s'arrêter séance tenante, alors qu'elle a déjà de nombreuses offres d'autres rôles et qu'une femme de sa connaissance a promptement entamé la réalisation d'un documentaire sur l'ignoble chantage dont elle a été victime.

Ces gens ont des mœurs bien manœuvrières. Quant à moi, je crois à la culpabilité des deux, et je prédis la victoire de la plus calculatrice.

Lettre LVII

De Issa à Ousmane

Je ne suis que peu étonné de la mésaventure que tu me contes. Il existe dans ce pays une véritable conjuration de femmes pour qui tout malheur vient toujours des hommes, quoi qu'il arrive. Cette coterie dont les idées sont répandues partout est si puissante que le moindre soupçon qu'elle fait peser sur tel ou tel peut détruire à jamais sa carrière. Ces idées folles sont si communes et acceptées qu'on croirait réellement une sorte de religion destinée à faire de l'homme un esclave, ou pis encore un bouc-émissaire dont on espère que sa dégradation amènera un monde nouveau et parfaitement exempt de tout péché, dans lequel enfin tout ne sera plus qu'harmonie.

Tu sais pourtant aussi bien que moi qu'il n'est pire assemblée que celle composée uniquement de femmes. Songe seulement à ce qui se dit entre elles lorsque nous quittons le village pour nos travaux et que nous les laissons seules : elles n'ont cesse de colporter des ragots et de se délecter des rumeurs les plus improbables sur les relations de tel ou tel. On les croirait poussé par un besoin élémentaire de révéler tout secret qu'on pourrait leur avoir imprudemment confié. Leurs infinis conciliabules débouchent immanquablement sur des disputes et des jugements cruels et impitoyables des unes sur les autres, tant il est vrai que personne ne sait détester une femme autant qu'une autre femme[30].

Je ne saurais pourtant dire que c'est là le pire des maux qui accablent ce pays, tant ils sont nombreux, bien que l'idée de faire des femmes une catégorie politique et sociale à part entière me semble la plus absurde des choses – et ce probablement car elle n'est en réalité absurde qu'à l'analyse de celui que ne voit que par les yeux de la vérité, car en réalité la cynique manœuvre qui se cache derrière vise à rien moins qu'à saper les fondements de la société en créant autant d'antagonismes que possible, tant et si bien que tout un chacun peut être désigné ennemi par n'importe quel groupe qui se constitue autour de l'idée qu'il se fait de lui-même, si folle soit-elle.

De fait, il semble que le projet soit arrivé à son terme car la maxime très en vogue qui veut que la cause des femmes soit gagnée lorsqu'à un poste important on nommera une femme incompétente est en France parfaitement appliquée, tout autant d'ailleurs que le « principe de parité » dont tous se gargarisent : je n'ai jamais vu un tel équilibre numérique entre femmes et hommes incompétents, qui de surcroît semblent constituer la majorité des gens que je vois graviter dans les allées du pouvoir.

---

30 Propos rétrogrades de l'auteur de la lettre, que le lecteur moderne ne saurait approuver.

Cependant il est un sujet bien plus extravagant dont je t'entretiendrai bientôt, et qui ne laisse pas de m'inquiéter fortement pour ce pays dont je ne suis désormais plus certain de vouloir faire ma résidence.

Lettre LVIII

De Mamoudou à Issa, caché dans Paris

Mon cher frère, tu n'imagines pas à quel point le destin semble fermement décidé à me jouer les pires tours. À croire que je suis sous l'emprise d'un djinn ou d'un mauvais sort comme seuls savent en jeter les puissants sorciers du Ouaquanda.

Rani, cet Afghan dont je t'ai déjà conté les précédents méfaits, m'a tellement pris en amitié qu'il a convaincu le prêtre chrétien qui l'a embauché de me faire venir aussi à son service. Cela pourrait sembler une aubaine. Moi qui étais sans ressources, voilà qu'on m'offre la possibilité de venir à Paris et d'y trouver gîte et emploi. C'était sans compter sur la malice de Rani et du destin.

J'ai longtemps hésité à accepter cette proposition mais la joie de pouvoir te revoir l'a emporté et je suis arrivé à Paris il y a quelques jours. Je pensais me mettre en relation avec toi aussitôt mais il m'a fallu d'abord me présenter aux bienfaiteurs de Rani. Ceux-ci étaient des hommes de religion, de bons chrétiens pour qui il était d'un devoir impérieux d'aider les migrants, quelle que soit leur confession. Ils nous ont accueilli dans un foyer où résidaient déjà d'autres hommes venus de tous les horizons de l'Afrique et du Moyen-Orient, dont certains étaient employés à de menues tâches, alors que la majorité restait désoeuvrée.

Recommandé depuis la ville de Nantes où nous nous étions connus, Rani avait été placé à un emploi en apparence simple et sans grand danger. Il devait garder une grande église du centre de Paris durant la nuit, car le lieu était en travaux et l'on craignait que depuis d'immenses échafaudages disposés autour du bâtiment de mauvais plaisants ne cherchent à s'introduire dans l'édifice. La tâche assignée à Rani consistait à veiller dans les combles alors qu'un autre gardien, mandaté par une société professionnelle chargée de la sécurité du chantier, restait aux aguets dans une guérite placée au pied dudit échafaudage. Rien ne semblait plus simple en apparence, et Rani me confia qu'il s'ennuyait ferme et ne pouvait dormir, non pas en raison d'une conscience de son devoir mais à cause des températures basses qui parfois le tenaient éveillé toute la nuit.

Il me vanta cependant la tranquillité du lieu et m'invita à le rejoindre afin de tromper son ennui par la conversation. Le soir même je me rendis avec lui sur son lieu de veille. Je profitai de l'occasion pour en admirer les proportions et la beauté mystérieuse. Figure-toi d'immenses voûtes toutes de pierre, représente-toi les plus belles statues qui se puissent imaginer et surtout les fenêtres de mille couleurs qui dessinent de fantastiques motifs ou des scènes célébrant la foi de ceux qui ont bâti l'édifice. Jamais je n'avais rien vu de si impressionnant et je ressentais dans ce lieu la trace d'une ferveur qui n'est pas sans rappeler la dévotion que nous avons pour Allah.

Nous passâmes devant le gardien de l'entrée qui sommeillait déjà à demi et nous gravîmes des escaliers jusqu'au sommet de l'édifice, sous les toits, au milieu d'une forêt de poutres centenaires. C'était un lieu fort impressionnant comme je ne croyais jamais en voir et je pus admirer l'ingéniosité avec laquelle ces hommes du passé avaient agencé cette construction, dont j'aimerais que nous ayons l'équivalent dans notre beau Ouaquanda.

Si toutefois Rani m'avait entraîné dans ce lieu, ce n'était pas pour me montrer l'endroit où il travaillait, car il était censé accomplir des rondes sur les échafaudages, mais plutôt pour se prémunir du vent qui soufflait au-dehors.

Il m'affirmait qu'il ne se passait jamais rien ici et qu'il valait mieux dormir tranquillement jusqu'au matin. Afin de nous détendre il m'invita à fumer quelque haschich dont il était assez friand et qui, disait-il, nous permettrait de nous assoupir plus paisiblement. Bien que je fusse quelque peu choqué d'une telle proposition, qui ne me paraissait convenir ni à la tâche ni même au lieu, qui était sacré, je ne réussis pas à le dissuader. Il argua d'ailleurs que pour lui cet endroit ne pouvait aucunement être sacré, et même qu'il devrait un jour crouler devant la victoire du seul vrai Dieu.

En attendant cette victoire définitive, il alluma une cigarette de haschich tout comme s'il était membre de la secte des Haschichins et après en avoir tiré quelques bouffées me la tendit afin que je participasse à son ivresse. Je levai la main en signe de dénégation mais il crut que je voulais saisir la chose et la lâcha. La cigarette, encore pleine de petits morceaux incandescents, roula alors sur ses habits dont la matière synthétique se mit à flamber. Il se leva d'un bon en cherchant à éteindre ce début d'incendie qui aurait pu rester bénin mais qui à cause de ses efforts ne fit que se propager plus avant car il dispersait çà et là des morceaux enflammés de son vêtement, donnant naissance à un début d'incendie.

N'écoutant que mon courage je l'aidai à se dévêtir et jetai loin de nous sa veste qui commençait à dégager de sérieuses flammes. Je le croyais hors de danger mais je vis alors ses yeux s'arrondir sous l'effet d'une terreur incontrôlable. Je tournai la tête pour constater avec stupéfaction que la veste enflammée que je venais de jeter dans un coin avait donné naissance à un second foyer. Rani, pris de panique et sous l'emprise du haschich, cherchait désespérément un moyen d'éteindre les flammes ; il se saisit d'un extincteur dont il pulvérisa le contenu dans la mauvaise direction à cause de sa hâte.

Nous voici donc avec un extincteur vide et un feu qui prend de l'ampleur. Je cours dans un sens, Rani dans un autre, nous cherchons désespérément une solution. Pris d'inspiration Rani jette l'extincteur directement sur le feu ; mal lui en a pris : les flammes se répandent sous le choc. Il ne nous reste plus qu'à fuir et nous nous précipitons vers la porte qui donne sur un petit escalier en colimaçon par lequel nous espérons trouver le salut. À peine avons-nous poussé la porte que l'ouverture ainsi créée provoque un appel d'air qui attise plus encore le brasier dont nous sentons la chaleur augmenter d'instant en instant. Comme deux possédés nous nous précipitons hors de cette fournaise afin de donner l'alerte. Je suis Rani qui dévale les escaliers avec toute la hâte que lui insuffle une panique grandement alimentée par les effets anxiogènes du haschich qui a intoxiqué sa cervelle. Voilà que nous empruntons une coursive dans laquelle nous butons sur un monstre qui nous barre le chemin. Nous hurlons d'effroi sans nous rendre compte qu'il s'agit de l'une de ces sculptures de démon qui parsèment les parties hautes de l'édifice. Dans le plus grand désordre nous trouvons une autre porte pour nous échapper et finalement nous débouchons à l'air libre.

Rani essaye alors d'escalader une clôture pour fuir au plus vite. Je lui rappelle qu'il nous faut prévenir le gardien du sinistre, mais il me répond que tout cela sera bien assez tôt découvert et qu'il faut fuir au plus vite si nous ne voulons pas être reconnus responsables du désastre. Il me montre le ciel et je lève la tête pour découvrir avec désolation que de grandes flammes s'échappent du toit, bien loin au-dessus de nos têtes. La cause est entendue et nous disparaissons dans la nuit.

Voici toute l'aventure, dont je pense que tu as eu connaissance par les journaux car il paraît que cette cathédrale était l'une des plus belles de France et l'un des joyaux de son patrimoine. Je sais que tu garderas ce terrible secret que j'avais tant besoin de confier à quelqu'un tant mon âme en est accablée. Je n'ai pas revu Rani depuis ce jour funeste et je me cache quelque part dans Paris. J'espère pouvoir paraître devant toi bientôt.

Lettre LIX

De Issa à Mamoudou

J'ai été horrifié en prenant connaissance de ta lettre, et d'autant plus que l'incendie dont tu m'as raconté l'origine a fait grand bruit dans toute la France. Tu n'aurais jamais dû revoir ce Rani et j'ose croire que la fatalité ne s'acharnera pas plus avant sur toi. Je te conseille de rester caché en attendant que l'émotion passe, tant il est vrai que même les faits les plus graves disparaissent bien vite de la conscience des Français. Jamais je n'aurais pensé qu'un peuple puisse être si prompt à oublier un événement, généralement bien vite remplacé par un autre grâce aux journalistes qui sont gens à ne jamais rester en repos et qui toujours ont besoin d'un nouveau sujet pour accaparer les esprits de leurs contemporains.

Cette engeance que j'ai largement eu le loisir de fréquenter est la pire de toute et dicte à la masse hébétée ce qu'elle doit penser et ce à quoi elle doit penser. Je reconnais que leurs procédés sont efficaces bien que d'une simplicité déconcertante, puisqu'il ne s'agit jamais que de répéter en permanence un message simple et souvent conçu de telle sorte qu'il provoque peur et sidération. L'unanimité générale qu'on trouve dans la presse française sur tous les sujets quelle que soit leur gravité assure l'efficacité du procédé. Le plus beau est qu'une information, si terrible soit-elle, peut en quelques jours devenir insignifiante et être remplacée à volonté par une autre dont les journalistes décident qu'elle doit désormais être l'unique préoccupation du public. Ainsi en va-t-il des peurs et émotions collectives, qui sont décidées et insufflées par une caste sans que pourtant nul ne doute éprouver de lui-même tel ou tel sentiment quant à un fait public, et surtout croit porter dessus un jugement réfléchi et équilibré.

Ainsi je pense que la tristesse de tout un peuple face à l'incendie d'un de ses plus beaux trésors ne soit que de courte durée, ce qui me désole d'autant plus que nous autres venus des lointains admirons la France justement en raison de son histoire millénaire dont il est tant de témoignages inscrits dans la pierre de ses constructions. Mais quoi, nous ne pouvons sauver de ses renoncements un peuple malgré lui.

Tu sais bien qu'en fervent croyant je ne peux m'empêcher de voir dans cet incendie dont tu as été le malencontreux instrument un signe sinon d'une colère, du moins d'un désappointement divin envers un peuple qui se néglige autant. Nous autres musulmans d'Afrique sommes sensibles à ces présages et connaissons la grande magie des signes à travers lesquels Allah s'adresse aux hommes.

Lettre LX

De Ousmane à Issa

Je croyais avoir suffisamment fréquenté les milieux artistiques pour ne plus avoir à m'étonner de rien mais le monde occidental recèle bien des mystères et des surprises qui sont très au-delà de notre imagination.

La mésaventure de mon ami cinéaste avec la jeune Ukrainienne était encore quelque chose de prévisible et qui ne sortait pas de l'ordinaire des relations pleines de désir et d'excès qu'ont partout sur terre les hommes avec les femmes et réciproquement. Mais j'ai eu connaissance de choses bien plus étranges qui semblent avoir la faveur d'une partie de l'élite et dont certains ne se font pas faute de les diffuser dans le public.

Il y a dans l'entourage de ce cinéaste un homme dont le désir est de devenir une femme. Cela est fort étrange et la première fois que je l'ai vue je n'ai pas su dire si cette personne était homme ou femme, bien que certains de ses traits accusassent quelque chose d'étrangement viril alors que ses gestes et sa démarche étaient outrageusement féminins. Ne sachant que décider je m'en ouvris à mon protecteur qui rit de ma naïveté puis prit un air grave pour m'expliquer que certains individus, d'un sexe comme de l'autre, ressentaient le besoin pour les hommes de devenir femmes et inversement. Il ne savait expliquer la raison profonde de cette chose, qui chez nous aurait certainement été attribuée à de la folie, mais il concevait pour cela une sorte de respect et m'expliqua doctement que ces gens étaient immensément en avance sur le reste de la société et annonçaient une ère nouvelle dans laquelle l'humanité serait libérée de toutes ses déterminations et où chacun pourrait se vivre librement et devenir ce qu'il est[31].

Toute cette argumentation ne me parut pas dénuée de quelque sens mais j'en envisageais les conséquences pour le moins chaotiques, car si nous nions ce que nous sommes au profit de l'idée que nous nous faisons de ce que nous devrions être, alors nous ne sommes plus limités par rien et, comme tu sais, ce qui n'a pas de limite ne peut prétendre à l'intégrité de l'individu. Cette philosophie de la dissolution et du changement possible en tout me paraît être le refus de toute stabilité et de toute référence.

Je ne mentionnai pas mon scepticisme quant à ces idées qui me paraissaient un peu trop baroques pour mon entendement et je me contentai d'approuver, faisant l'éloge de la liberté, car après tout, puisque je me donnais le droit de m'établir en France et que nul n'était fondé à me le contester, pourquoi alors pourrait-on contester à quiconque le droit de devenir un autre ? Cet argument me fit longuement réfléchir et j'en vins à la conclusion qu'il valait mieux ne pas me mêler de ces querelles byzantines tant qu'on me laissait m'installer – entretenant cependant en secret l'idée qu'une fois que nombre de nos frères seront bien implantés ici, nous aurons le devoir de ne pas ménager nos peines pour remettre ces gens dans le droit chemin de la morale ancestrale, à force de contrainte s'il le faut.

---

31 Programme hautement nietzschéen.

Lettre LXI

De Issa à Ousmane

Je ne suis guère étonné de ta lettre car le phénomène dont tu me parles a les faveur de certaines coteries peu nombreuses mais influentes jusqu'au plus haut sommet de l'État. Ainsi, il s'agit non seulement pour eux de faire reconnaître le changement de sexe comme une chose anodine, tout en demandant paradoxalement un statut spécial dans l'attention et le respect qu'on doit porter à chacun.

Certaines officines ne se privent pas de prêcher ici et là. Les plus actifs de leurs membres cherchent à toute force à tordre la langue et la grammaire pour que le genre ne serve plus de rien, eux dont le projet repose au départ sur la confusion entre la réalité biologique du sexe et la catégorie grammaticale du genre. C'est ainsi qu'ils pervertissent le langage en même temps qu'ils modifient les corps, et l'une de ces opérations ne va pas sans l'autre, car agir sur le nom légitime l'acte qui autrement paraîtrait trop bizarre et marginal pour être regardé comme acceptable, et qu'eux veulent faire admettre comme naturel.

Si le langage est en ces choses travesti, les corps sont soumis à des interventions chimiques et chirurgicales qui tentent à toute force de modifier, en vain pourtant, ce qu'a fait la nature. J'avoue ma grande perplexité face à ce phénomène dont je ne m'explique pas la popularité qu'il semble gagner tout particulièrement dans les jeunes esprits. Qu'une femme décide soudain d'être un homme fera-t-il d'elle le camarade d'autres hommes ? Cela lui donnera-t-il la force physique supérieure qui est le lot de l'homme par rapport à la femme ? Peut-être ne se sentirat-elle plus femme parmi les femmes, mais assurément elle ne sera jamais homme parmi les hommes. Il en va de même des hommes qui deviennent femmes : ceux-ci jamais ne porteront la vie ni ne seront femmes parmi les femmes, quand bien même ils pourraient être femmes pour des hommes ayant ce genre de goût particulier.

Qu'encore des adultes se livrent à ce genre de chose dans l'espoir que leur vie sera ainsi rendue meilleure car ils ne se sentent pas à leur place dans le corps que le créateur leur a donné, cela m'étonne et me laisse dubitatif, mais après tout j'ai bien compris qu'en Occident la liberté individuelle se décline de mille façons et que je ne peux trouver à y redire. Mais il me semble que toute cette entreprise vire à la folie pure lorsqu'elle prétend être imposée à des enfants. Tu ne le croiras peut-être pas mais ces derniers sont la cible d'une active propagande en faveur des choses dont je t'entretiens et certains mêmes sont encouragés par leurs parents à entreprendre dès le plus jeune âge cette transformation. Cela est à mes yeux le comble du grotesque et provoque en moi une véritable horreur. Nul ne devrait pouvoir faire subir ces choses à des enfants, car en effet que peuvent savoir ces jeunes créatures de leur sexualité ? L'âge de l'enfance est fait pour les jeux et l'apprentissage, et non pour se livrer et être livré à d'oiseuses spéculations sur les sexes surtout lorsqu'elles se traduisent par des actes.

Cela est une grande folie des sociétés occidentales, et en la matière la saine vie de nos villages dans lesquels nous laissons les enfants tranquilles et éloignés des préoccupations d'adulte me semblent bien supérieure et même, tout simplement naturelle. La folie qui pousse les Occidentaux à détruire leurs enfants me dépassent, mais je crois en trouver les raisons dans l'érosion générale qui touche les structures sociales et mentales de cette partie du monde, qui ainsi refuse et oublie les nécessaires rites de passages qui rythment la vie de l'homme bien fait. Nous autres savons quand un enfant devient homme et quand il convient alors de le laisser avoir accès aux choses d'adulte. Car que sait un enfant de ce qu'il veut devenir ? Rien, ou presque. Que sait un jeune de ses réels désirs à un âge ou le trouble est commun ? Guère plus. L'adulte enfin fait est libéré des inévitables incertitudes du jeune âge auquel il découvre des désirs jusque-là inconnus, et il peut alors sereinement considérer ce qu'il veut être dans le monde. Et il est rare alors que certains veuillent être femme s'ils sont déjà hommes ou hommes s'il sont nés femmes.

Toute cette agitation malsaine autour d'une particularité très minoritaire que certains veulent à tout prix faire passer pour ordinaire me semblent être une maladie de l'Occident qui ne sait plus qui il est à force de vouloir être tout ce qu'il désire sans limitation aucune.

Dans cette dérive tu trouveras aussi le paradoxe ultime de gens qui prétendent à la normalité la plus banale tout en réclamant une attention particulière et des droits adaptés. Ils veulent être, comme le disait un humoriste fameux de France, plus égaux que les autres. Si j'étais Français je leur demanderais au moins qu'en échange de ce qu'on les laisse tranquilles ils laissent en retour la société en paix. Mais il semble que ce soit déjà trop demander. En plus d'être fait d'une instabilité constitutive qui les pousse à ce changement qu'ils espèrent salvateur et dont je me suis laissé dire qu'il se résout souvent en désillusion, ils veulent être constamment reconnus et qu'on leur accorde un droit de prosélytisme.

Cela va tellement loin que même ce gouvernement des gouvernements qu'on appelle l'Union Européenne n'hésite jamais à rappeler à ceux de ses membres qui émettent des réticences quant à ce prosélytisme qu'ils vont à l'encontre des « valeurs européennes ». J'ignorais en quittant notre village que la mise en avant du changement de sexe était une des valeurs que je trouverais à mon arrivée. Cela me laisse perplexe et je désespère parfois de ce continent tout entier qui me semble glisser vers une négation de tout et surtout de lui-même à force de vouloir que les plus grandes bizarreries tiennent lieu de décence commune.

Lettre LXII

De Ousmane à Issa, du VIème arrondissement de Paris

L'autre jour mon protecteur m'a emmené avec lui à un dîner auquel devait prendre part nombre de ses connaissances, toutes célébrités ou gens bien introduits dans le monde, qui en public s'étaient prononcés défavorablement à son endroit lors de sa mésaventure ukrainienne mais lui étaient en privé restés d'un soutien sans faille. J'ai été tenté de refuser car je n'étais pas certain de me sentir à l'aise en pareille compagnie mais lui a tellement insisté que j'ai fini par accepter. Il m'a enjoint de ne pas révéler le commerce auquel je m'adonne ordinairement : ces choses sont connues de tous mais on n'en doit jamais parler. Dans son milieu on nomme cela bienséance. Nous avons convenu qu'il me présenterait en tant que comédien prometteur et qu'il fallait absolument parler de ce qu'il appelait « mon parcours » - sans pour autant trop insister, car ce sujet aurait pu à la longue lasser les convives. Par curiosité je souscrivis à tout et me laissai entraîner dans une nouvelle aventure étonnante.

Nous nous sommes donc rendus dans le VIème arrondissement de Paris, à une adresse prestigieuse. La personne qui recevait était quelque philosophe de sa connaissance. Dans un appartement si spacieux que jamais je n'avais imaginé qu'il puisse en exister de semblable nous attendaient déjà plusieurs personnes. Tel était un comédien célèbre, tel autre un journaliste fameux, tel autre encore un haut fonctionnaire chargé de choses ayant trait à « la culture ». Il y avait également un avocat célèbre pour son amour des causes généreuses et sa défense de criminels mafieux pour lesquels tous avaient une fascination malsaine – et à part moi je me demandais bien comment on pouvait admirer ce genre de bandit car je ne connais que trop bien, tu le sais, les arcanes du monde du crime[32] et je riais intérieurement des illusions que ces bourgeois entretiennent à propos de la pègre à laquelle ils attachent un romantisme aussi ridicule que morbide.

Tous ces gens, hommes comme femmes, se piquaient d'être très humanistes et se répandirent en manifestations de sollicitude et d'admiration quand je leur fus présenté. J'avais l'impression d'être un héros méritant et tous m'assurèrent de leur soutien moral. La conversation roula sur les mérites de l'immigration et sur la richesse extraordinaire que nous autres apportions à l'Europe. Toutes ces belles âmes se déclaraient en faveur du pauvre, de l'opprimé, du malheureux, pourvu qu'il vint de loin, et tous se vantèrent d'avoir signé la veille une tribune dans laquelle ils appelaient à plus d'humanité et plus d'accueil.

Tout cela était fort sympathique mais chacun me paraissait forcer le trait pour se faire bien voir de tous les autres dans une sorte de surveillance mutuelle dont aucun ne pouvait s'affranchir, quand bien même ses opinions

---

[32] Réflexion qui n'est pas sans rappeler celles que faisaient des auteurs aussi différents que Varlan Chalamov et Stanton Samenow.

réelles auraient été toutes contraires. Je notai aussi une sorte de gêne ou un excès de sollicitude quand ces gens s'adressaient à moi, et j'avais toujours l'impression d'être pris pour un enfant.

On me demanda si je ressentais l'insupportable oppression néocoloniale dans mon village, et si le racisme systémique qui sévissait en France ne me pesait pas trop. Je leur répondis que la seule oppression coloniale que j'avais eu à subir était celle de nos ennemis du Ouaquanda du Sud et que j'avais personnellement participé à un raid fameux pour incendier un de leurs villages, ce qui déclencha chez eux une sorte de malaise. Quant au racisme de la France, j'avouai ingénument que les seuls qui m'avaient jusqu'ici mal traité étaient plutôt les bandes d'autres migrants qui se regroupent par nationalité ou ethnie d'origine et entre lesquelles les conflits ne sont pas rares ; je mentionnai la haine toute particulière que certains de nos frères africains vouent aux Arabes à qui ils reprochent aujourd'hui comme jadis de les réduire en esclavage.

Ces réponses ne semblèrent pas à leur goût et l'hôte philosophe conclut habilement sur le sujet en dissertant sur la terrible nature humaine qui était poussée à la haine à cause des frontières et de l'intolérance qui en résultait, et que sans ces constructions sociales nous pourrions tous êtres frères. L'atmosphère ainsi purifiée, les convives passèrent à d'autres sujets. Il fut un peu question de la menace que faisait peser la frange réfractaire de la population qui ne savait déceler les avantages de l'immigration, pourtant évident à leurs yeux, puis le reste de la soirée fut occupé à s'entretenir de qui faisait quoi parmi leurs nombreuses connaissances. Quant à moi la parole ne me fut plus guère adressée car je n'étais désormais plus le sujet de leur intérêt.

Au moment de nous quitter les convives m'assurèrent une nouvelle fois de leur soutien et me souhaitèrent toute la réussite possible, en réaffirmant à nouveau leur total engagement moral en faveur des damnés de la terre qui venaient ici chercher une existence meilleure, ce qui était leur droit le plus strict. Durant tout le repas nous avions été servis par une femme originaire d'un pays lointain appelés îles Philippines. Elle n'avait dit un seul mot et ne semblait pas autorisée à le faire. Elle nous apporta nos manteaux mais se trompa. La maîtresse de maison la reprit sèchement et lui ordonna de disparaître, puis en guise d'excuses à notre égard expliqua qu'il était difficile de trouver des gens compétents et que cette femme était quelque peu idiote mais qu'elle hésitait à s'en séparer.

Je vis cette femme revenir, tête baissée, avec mon manteau, sous le regard agacé de sa maîtresse. Ce fut là que je décidai qu'il valait mieux m'en tenir au commerce de la drogue, qui me paraissait plus honnête, ou du moins plus sincère.

Lettre LXIII

De Issa à Ousmane

Comme je comprends ta dernière lettre ! Je suis moi-même en prise avec ces hypocrites tout le jour, tant et si bien que je songe à démissionner et à disparaître, d'autant plus que je ne sais à quoi servent ces politiciens et autres laquais du pouvoir.

Ils semblent n'avoir jamais aucune prise sur rien, leur seule tâche étant d'alimenter le spectacle du pouvoir à grand renfort de simulacres et de discours. Dès qu'il s'agit d'affaires importantes tous ne parlent que d'une vaste entité supérieure, d'une sorte de géant auquel rien ne peut résister et qui est seul arbitre de toutes choses. Cette figure titanesque s'appelle l'Union Européenne, elle rôde comme une ombre partout où se décide quelque chose et c'est sa volonté qui prévaut sur tout ce que souhaitent les hommes d'un pays, qui sont ainsi privés de leur pouvoir. Il y a toujours une loi, un règlement, une norme édicté par ce titan qui vient tordre, contraindre ou même annuler ce que décident les représentants du peuple ou les politiciens même les plus retors. Il s'ensuit d'ailleurs que peu d'entre eux se soucient de lutter contre ce titan, ils préfèrent plutôt en chanter les louanges et n'ont de cesse de lui céder en tout et de lui livrer toujours plus les restes de leur souveraineté et de leur volonté. Devant ce Léviathan tous doivent se coucher et se soumettre, et c'est même le projet unique de nombre de politiciens qui ne veulent rien tant qu'être soumis et liés devant ce maître qui les déchargent de toute responsabilité. Pour les plus zélés d'entre les thuriféraires du monstre, la France ne sert plus de rien. Elle est trop petite, trop décevante, trop réfractaire, trop vieille enfin, et il n'est d'avenir que dans une fusion avec l'entité supérieure qu'ils vénèrent et dont ils attendent qu'elle les sauve de tout et surtout de la France.

Je suis parfois bien attristé de voir que parmi les élites les Français ne croient plus à la France et que ce sont souvent des gens comme nous, pauvres migrants, qui en ont parfois la vision la plus grandiose et la plus porteuse d'espoir.

Lettre LXIV

De Issa à Ousmane

Ayant eu quelques loisirs car ma fonction officielle ne me prend en vérité que très peu de temps, j'ai pu étudier en profondeur le système qui organise le pouvoir en France et je crois y avoir décelé les deux vices fondamentaux.

Le premier réside indéniablement dans l'immensité tentaculaire de l'État qui se mêle de tout et doit pour ce faire mobiliser une armée de personnes dont la seule fonction est de se mêler encore plus des moindres détails de la vie des citoyens, ce qui génère un besoin accru de personnel. Tu n'imagines pas le nombre de comités, groupements, directions et autres organes que l'État est capable de produire. Pour cela il lui faut de l'argent, beaucoup d'argent, toujours plus d'argent. Il s'ensuit que le citoyen français est accablé d'impôts, ce qui l'appauvrit alors que le pays est riche, et le dissuade de toute initiative ou entreprise.

Un des nombreux fonctionnaires avec qui je travaille quotidiennement m'a expliqué fièrement que les citoyens donnaient à l'État chaque année plus de la moitié de la richesse produite par le pays, et que nombre de ses semblables travaillaient à augmenter cette proportion car l'argent n'était jamais en quantité suffisante pour assurer les bienfaits dispensés à la population. Afin de mieux me convaincre de la justesse de cette conception il m'a donné en exemple toutes ces associations qu'il fallait bien subventionner et qui m'avaient été par le passé si utiles ; il m'a vanté les mérites du modèle social français qui, si j'ai bien compris, a pour principe de distribuer autant d'argent que possible à quiconque trouve moyen de le demander en utilisant à son profit une jungle de réglementations faites pour s'assurer que ceux qui contribuent le moins à la richesse en profitent le plus. Ce système m'a paru fort déséquilibré et difficilement réformable en raison du second vice que je vais t'exposer.

Tout est en effet organisé pour qu'aucun changement ne puisse advenir par le biais des institutions. Les Français prétendent vivre dans un pays hautement démocratique, ce qui signifie que les citoyens par leur vote sont les seuls décideurs et juges de l'action politique. Rien n'est cependant plus faux. Le régime qui préside aux destinées de la France est tout entier conçu pour qu'aucun parti qui se réclamerait d'un vote populaire ne puisse venir troubler la quiétude des décideurs qui tous sont issus d'une petite caste au sein de laquelle tout le monde se connaît. Qui n'est pas du sérail ne peut prétendre gouverner.

La plus grosse tare du système vient de ce que le gouvernement de la France n'est pas l'émanation de l'assemblée des représentants du peuple, mais procède de la décision d'un seul homme élu par tous. Il s'ensuit un conflit inévitable entre les représentants de la nation et le président qui est une sorte de roi élu. Lorsque le parti du président est aussi celui qui tient la majorité à l'assemblée des députés, alors celui-ci voit celle-là accéder à ses moindres désirs et ne rencontre aucune opposition, car il n'est responsable devant rien ni personne. Dans le cas où l'assemblée est dominée par un parti opposé à celui du président, ce dernier a encore suffisamment de pouvoir pour entraver l'action de celle-ci et peut même la congédier définitivement. Entre les deux, les ministres sont ballotés. Tantôt hommes nommés par le président et donc tout à sa botte, tantôt proposés par celui que le parti majoritaire désigne comme premier ministre, ils sont soit aux ordres du président soit en opposition avec lui. Il s'ensuit que le président devient soit un roitelet auquel nul ne saurait résister soit un frein à la volonté populaire. Son statut ambigu en fait un monarque dont on ne peut jamais contourner la volonté quand bien même le peuple le voudrait autrement, et qui lors de son élection prend en quelque sorte le suffrage en otage. Quand bien même les votes en sa faveur se feraient par défaut, il croit en tirer une légitimité plus forte que celle de l'assemblée des représentant du peuple, avec qui il est en concurrence permanente. Il s'ensuit que la représentation du peuple est systématiquement scindée et mise en contradiction avec elle-même. La souveraineté est ainsi double, mais l'une des parties est nécessairement affaiblie par l'autre à son profit, ce qui pourtant ne saurait se concevoir dans un régime qui mettrait au centre le bien du peuple et le respect de ses volontés. Dans cette tension permanente que le monarque présidentiel impose à toute vie politique, le peuple est toujours floué car il remet son destin entre les mains d'un homme qui bien souvent ne voit plus que ses ambitions personnelles et qui alors ne peut plus être freiné.

Ne serait-il pas plus naturel que tout se déroulât comme dans notre beau Ouaquanda, dont les institutions sont d'une logique conforme à la plus droite raison et permettent l'apaisement de la société car tous peuvent espérer que leur voix soit entendue ? Ainsi comme tu le sais nous avons une assemblée élue dont est issu le gouvernement par désignation au sein du parti qui a remporté la majorité. Si ce gouvernement nous déçoit, il suffit d'attendre la prochaine échéance afin de porter au pouvoir un parti différent à l'assemblée. Ce système est tempéré par une assemblée des sages élue indirectement, et qui trouve d'ailleurs son pendant dans ce qu'ils appellent en France le Sénat. Nos deux assemblées permettent une organisation harmonieuse de la représentation du peuple et n'ont pas besoin de ce monarque surnuméraire dont l'élection vient parasiter l'exercice de la politique et brouiller la légitimité de l'assemblée élue[33].

Je crois bien que la France devrait s'inspirer du Ouaquanda et supprimer ce président dont je vois qu'une fois en place il gouverne comme bon lui semble sans contrôle aucun.

Néanmoins je ne suis pas certain qu'un changement de système seul suffise à réformer ce pays, tant il est vrai qu'un système d'organisation politique reflète, souvent malgré lui, l'état d'esprit profond d'un peuple. Les Français sont si pénétrés d'idées toxiques, de vanité et de dégoût d'eux-mêmes qu'il faudrait qu'une immense réforme morale précède toute réforme politique d'ampleur. Quant à savoir si le peuple français y est prêt, et même le désire seulement, c'est une autre affaire dont il est bien difficile de juger.

Lettre LXV

Du même au même

Je n'ai pas fini d'étudier les arcanes de la politique française, et je crois que jamais je n'en comprendrai tous les subtils rouages, mais il me paraît certain qu'on y trouve un principe totalement unique qui préside à son organisation.

L'État français et toutes ses institutions sont très fiers d'être une république, et plus encore, fiers d'être La

---

33 Il est permis de douter que le régime politique du Ouaquanda soit tel que le décrit l'auteur de cette lettre.

République, comme s'ils en incarnaient la forme la plus pure et la plus aboutie sur laquelle le reste du monde devrait prendre exemple. Cette dévotion est poussée à un point tel que nombre de personnages de pouvoir, qu'ils soient des servants de l'État, des politiciens, des magistrats ou des journalistes, en viennent à confondre la République et la France, et même à oublier la seconde au profit de la première. En France la république n'est pas un simple régime d'organisation politique ni une philosophie de ce que doit être une communauté humaine ; la République est un culte, une religion, une divinité. Elle s'incarne dans une figure féminine appelée Marianne, qui rappelle certaines de nos statuettes du Ouaquanda dédiées à la fertilité. Ce fétiche que nous autres laissons aux femmes est en France exposé partout dans les bâtiments officiels et se voit sur les timbres aussi bien que sur les documents officiels. Il est l'objet d'un culte qui, bien loin de s'en tenir à une figure féminine tutélaire, divinise une idée qui flotte au-dessus de tout le pays et qui est la référence suprême en toute chose, bien que personne ne soit en mesure de la définir exactement et de nommer son contenu. Il y a là un véritable mystère religieux que seuls politiciens, journalistes et intellectuels sont capables d'interpréter, tout comme nos sorciers expriment les volontés des esprits de la forêt sans que nous sachions comment ils les recueillent.

Le service de la République ne tolère aucune contradiction, et tout ce qui va à l'encontre de ce que pense son clergé est frappé d'anathème. Rien n'est plus honteux que ce qui n'est pas républicain, et tout ce qui ne plaît pas aux puissants se trouve immanquablement marqué de cette infamie.

La République n'est pas en France un régime politique, c'est un système de valeurs, dont cependant nul ne peut dire ce qu'elles sont ni quel est leur nombre. En vérité ces valeurs sont tout ce que les puissants, ceux qui ont pouvoir de dire et de faire, imposent au peuple – et malheur à celui qui se trouvera en contradiction avec ces valeurs, dont il ne peut cependant rien savoir à l'avance car elles sont dictées par l'utilité politique du moment.

Il s'ensuit tout un système de discours dont le but n'est en fait que de prolonger aussi longtemps que possible le pouvoir de ceux qui profitent du régime en place, et pour qui la survie de la République surpasse toute priorité. Ceux-là sont déterminés à sauver la République même si la France doit en périr car ils font moins cas du pays et du peuple qui l'habite que du système politique qui leur permet de maintenir leur statut et leur pouvoir, système d'idées puissantes et enivrantes auxquelles ils vouent un culte qui finit par les asphyxier, mais qui asphyxiera avant eux la France et les Français.

Et c'est au nom de ce culte qu'il faut imposer aux Français toujours plus d'impôts, toujours plus de soumission, et la venue de toujours plus de nos frères.

Lettre LXVI

De Mamoudou à Issa, quelque part dans Paris

Mon frère, je ne sais quel djinn j'ai courroucé mais il semble que ma situation ne s'améliorera jamais. Voilà plusieurs jours que je me cache avec Rani et que nous errons ici et là dans la capitale, vivant de petits larcins.

Rani m'inquiète plus que d'habitude. Il a fait connaissance d'un groupe d'individus à la fort mauvaise mine qui exercent sur lui une influence croissante. Ils se sont présentés à nous comme des frères en religion prêts à nous aider. Ils ont de longues barbes fournies et portent la djellaba comme on s'attendrait à voir en Afrique. Ils nous ont apporté de l'aide sous forme de nourriture et de boisson, mais aussi sous forme de réconfort spirituel. Tu me connais, je ne goûte guère les leçons de morale, et pourvu que j'aie l'estomac plein, le reste m'est bien égal. C'est donc d'une oreille distraite que j'écoutais leurs prêches. Elles ont eu un tout autre effet sur Rani qui a été captivé au fur et à mesure et qui maintenant ne jure plus que par ses nouveaux amis, dont il dit qu'ils l'ont remis sur le droit chemin de la foi. Il s'est même vanté auprès d'eux d'avoir volontairement provoqué l'incendie de la cathédrale afin de se faire bien voir. Je n'ai pas rétabli la vérité de peur d'être traité de menteur, et ces gens ont semblé très impressionnés par cet exploit. Depuis, il passe le plus clair de son temps avec eux et j'ignore ce qu'il manigance, mais je ne crois pas que cela soit un bon présage.

Cette ambiance religieuse a continué de me poursuivre de façon bien particulière puisque j'ai rencontré un de nos frères Ouaquandais qui s'était fait prêtre. Il m'a longuement entretenu de sa position, qu'il juge fort bonne. Lui vient d'un village du Ouaquanda du Nord, là où les gens sont comme tu le sais chrétiens, à la différence de la majeure partie de notre pays dans lequel nos frères sont musulmans. Il m'a assuré qu'une fois devenu prêtre, la vie était pour lui bien plus facile et qu'il suffisait de dire de temps à autre la messe et de faire quelques baptêmes pour remplir son office. Lui ne prétend pas être un grand savant, ni même un ministre du culte compétent. Il était à ses dires plutôt médiocre élève du séminaire mais l'Église des chrétiens manque tant de prêtres qu'il a été accepté quand même et a été envoyé en France pour assister un curé fort âgé dont il m'a dit le plus grand bien. Il m'a aussi parlé de cet enthousiasme surprenant qu'il a trouvé parmi les fidèles blancs pour un jeune curé comme lui en provenance d'Afrique. Tous ne tarissent pas de compliments à son sujet, à tel point qu'il en est parfois gêné. Il lui semble faire figure de véritable sauveur. Tous ces bon catholiques Français adorent l'Africain tout comme les membres des associations qui nous ont aidé dans notre périple nous adoraient. Il y a véritablement dans ce pays un amour de l'Africain, une fascination même, qui joue tout à notre avantage et dont nous aurions tort de ne pas user.

Ce prêtre Ouaquandais m'a aussi laissé entendre que certaines de ses paroissiennes, souvent d'un certain âge, aimaient à lui faire un peu plus de compliments qu'il n'était raisonnable et il se sentait parfois gêné d'un tel intérêt qu'il devinait tout autre que spirituel. Lorsque je le questionnai plus avant il fut mal à l'aise et je ne sus pas s'il avait profité de la situation, bien que je le soupçonnasse fort de ne pas tout me révéler. Cela me donna toutefois l'idée de m'établir comme prêtre catholique, et je crois que si je n'avais pas été musulman c'est la voie que j'aurais choisie.

Lettre LXVII

De Ousmane à Issa

J'étais l'autre jour encore avec une compagnie de ces artistes et autres amuseurs bien en cour qui n'aiment rien tant que m'acheter quelques drogues maintenant que le cercle dans lequel j'ai été introduit a compris que mon ambition de devenir comédien n'était pas aussi sérieuse que celle de devenir riche par ce commerce dont je sais que tu le désapprouves mais qui rencontre un vrai engouement parmi des gens dont les moyens sont suffisants pour m'en faire vivre assez largement.

Le plus difficile est d'endurer leurs discours vertueux et leçons de morale quand je les rencontre. Ces gens savent tout sur tout sans jamais sortir de chez eux autrement que pour prendre un taxi qui les emmènera dans un lieu tout aussi sécurisé que celui qu'il vienne de quitter. Bien qu'ils ne le côtoient jamais ces gens parlent toujours du peuple avec l'air concerné de ceux qui sont investis d'une mission d'éducation. Ils sont d'ailleurs toujours très préoccupés de la majorité de ces masses dont ils désespèrent de les amener un jour à la raison tant elles sont constituées, à ce qu'ils disent, d'incultes, de rustres, de racistes et d'idiots qui sont à peine dignes des leçons qu'eux veulent leur inculquer. Jamais je n'ai vu attitude si paradoxale. Ils se gargarisent de discours sociaux et pourtant ne méprisent rien autant que ceux qui devraient en être les bénéficiaires. Toute leur sollicitude va plutôt aux délinquants, voyous et autre asociaux qu'ils admirent au-delà de toute mesure. C'est d'ailleurs pour cela je crois qu'ils m'acceptent aussi bien, car je réunis en moi le migrant déshérité venu des lointains et le hors-la-loi qui leur donne le frisson de la transgression sociale qu'ils camouflent en vertueuse opposition à une société qu'ils ne voient qu'inutilement répressive.

Ce culte du bandit me met toujours mal à l'aise, moi qui ai connu la vérité de ces gens et qui dois les fréquenter au quotidien pour mon commerce. Je ne peux également m'empêcher de me moquer d'eux, et c'est toujours sans remord que je leur vends trop cher une marchandise de piètre qualité. Et je ris intérieurement quand je les entends vanter la finesse ou la pureté de tel ou tel arrivage, alors qu'ils n'y connaissent rien.

Une autre marotte de ces gens est une sorte de culte millénariste selon lequel la terre serait promise à un réchauffement du climat qui plongerait nécessairement le monde dans une insupportable fournaise. Ces gens qui ne croient à rien et n'ont pas de religion sont persuadés que l'humanité court à sa perte car elle a réussi à enclencher un processus de réchauffement de son milieu naturel. J'ignore si tout cela est vrai mais je me méfie de gens qui n'ont pas de dieu et sont pourtant férus de voyants et astrologues divers, de ces gens qui n'hésitent jamais à m'expliquer que l'islam, notre religion natale, n'est pas ce que nous croyons qu'elle est.

Leur religion à eux s'appelle écologie et au nom de ce paganisme il faut se restreindre de tout. Dans leur monde idéal seul le vent amènerait de l'énergie grâce à d'immenses moulins disséminés dans les campagnes, loin de chez eux évidemment, dont ils sont bien persuadés qu'ils remplaceraient pétrole, charbon et même l'énergie de l'atome que la France pourtant maîtrise si bien grâce à l'uranium que fournit notre bon Ouaquanda dont la terre est si riche.

Ils n'aiment rien tant qu'à s'insurger contre l'usage de l'automobile dans les villes, eux qui ne se déplacent qu'en taxi, et font l'éloge de la bicyclette en toutes circonstances, eux qui n'ont jamais eu à parcourir des kilomètres sous la pluie en hiver pour livrer un mauvais repas comme tu l'as fait il y a peu de temps. Tout est prétexte à sermonner les gens sur leur consommation d'énergie ou d'eau. Dans leur monde idéal le peuple vivrait tout l'hiver chaudement vêtu en intérieur pour éviter de trop chauffer et ne se laverait qu'une fois par semaine pour ne pas gaspiller l'eau. Certains mêmes affirment que tous devraient adopter un régime végétarien dans lequel l'apport occasionnel en substance animale viendrait de la consommation d'insectes.

Leur monde serait bien triste et ressemblerait fort à certaines régions pauvres de notre Ouaquanda que nos frères ne quittent certes pas pour retrouver en Occident les mêmes conditions d'existence. Je ne sais si ces gens tiendraient bien longtemps dans nos villages à peine fournis en électricité et dans lesquels on ne croise que peu de véhicules faute de moyens pour en acheter et même de routes pour les utiliser. Quant à la nourriture je ne crois pas qu'aucun de nos frères consentirait à renoncer au délicieux poulet qui fait notre ordinaire au profit d'insectes que seuls quelques tribus forts primitives de nos forêts consomment faute de mieux.

Les sectateurs de ce mode de vie n'envisagent cependant pas les choses ainsi et imaginent un monde dans lequel tout sera électrique et silencieux, harmonieux et frugal. Je peine encore à comprendre comment ils espèrent réaliser ce rêve, mais je suis bien certain d'une chose : pour rien au monde je ne voudrais me priver de ces conforts que j'ai acquis après tant d'épreuves et auxquels ils m'enjoignent de renoncer. Et je crois bien que les millions de nos frères africains n'auraient pas une opinion bien différente de la mienne, portés eux aussi qu'ils sont par le désir d'améliorer leur vie, quoi qu'il en coûte.

Lettre LXVIII

De Issa à Ousmane

Je n'en puis plus. J'ai démissionné de mon poste qui n'était que mascarade. Je n'irai plus à la rencontre de quiconque pour les édifier aux sujets de nos frères migrants et pour leur raconter que nous sommes tous des chances inouïes pour eux. J'ai décidé de cesser de mentir, j'en ai assez vu.

Ce qui a joué le rôle de la proverbiale goutte d'eau est cette idée qui court partout dans les élites que la France n'est plus rien et qu'elle doit tout abdiquer au profit de l'Union Européenne, mastodonte qui se dresse au-dessus des nations et des peuples et qui une fois qu'on lui a cédé ne rend plus rien en retour. Il ne peut y avoir de choix démocratique à l'encontre de cette instance suprême et qui en fait d'union attire à elle des pays qu'elle enchaîne si solidement que nul ne peut plus songer à s'en éloigner.

Cet état de fait est rendu possible par la dévotion qu'ont les responsables politiques de tous bords à l'égard de ce seigneur sans visage et rien ne saurait tant leur plaire que d'abdiquer toute souveraineté. Ils voudraient être les gestionnaires irresponsables de leur coin de pays, débarrassés des affres de la grande politique et de ses visions d'ensemble. Tout leur rêve est d'être un rouage dans un vaste système qui fonctionnerait tout seul, véritable machine dont nul ne saurait dire qui la dirige vraiment.

Jamais je n'aurai de mots assez durs pour ceux qui veulent mettre genoux à terre et abandonner leur volonté et leur liberté. Nous autres Ouaquandais sommes certes pauvres mais fiers et notre pays, pour chargé de défauts qu'il soit, est encore libre et ne répond qu'à lui-même. Il semble que les Français ont renoncé à cette idée et n'attendent rien que de disparaître tranquillement, sinon en tant que peuple, du moins en tant que nation puissante. Leur monnaie n'est plus à eux, leurs lois ne le sont qu'à peine et leur politique leur échappe. Chaque nouveau texte, traité ou accord les dépossède un peu plus et ils semblent ne pas s'en émouvoir, trop heureux de devenir une province d'un empire qui les allège de tout sauf des difficultés croissantes du quotidien, qui sont pourtant ce dont est faite la vie pour la majorité des gens.

Lettre LXIX

De Issa à Ousmane

Après avoir renoncé à la carrière de faire-valoir que tu sais, j'ai rencontré des gens qui, tout au contraire de ceux que j'ai fréquentés jusqu'à maintenant, souhaitent défendre leur pays.

Ceux-là sont souvent jeunes et ressemblent en tous points à ceux qui avaient tenté de nous empêcher d'entrer en France lorsque nous avions passé les Alpes depuis l'Italie. Ils sont bien souvent vilipendés par la grande presse et n'ont que peu voix au chapitre. Il ne leur est donné l'occasion de s'exprimer que pour mieux leur faire honte et leur lancer des anathèmes ; systématiquement ils sont accusés de vouloir faire revenir les heures les plus sombres de l'histoire, dont j'ai cru comprendre qu'elles avaient eu lieu il y a soixante-dix ans déjà.

J'ai pourtant pu converser avec nombre de ces gens, qui d'ailleurs ne sont pas tout d'accord entre eux sur les moyens et parfois sur les buts, mais qui s'entendent sur le triste état de leur pays qui résulte du bien mauvais gouvernement par les élites que j'ai eu l'occasion de fréquenter.

Comment ne pas comprendre leur insatisfaction lorsqu'ils voient leur pays dépouillé de ses richesses et de ses pouvoirs au profit d'un État obèse qui ne semble être puissant que pour entraver les libertés des citoyens et leur prendre ce qu'ils peinent à gagner, et qui par ailleurs n'a cesse de les livrer à la fois à la prédation de hordes criminelles et à l'arbitraire d'un pouvoir lointain qui les dépasse et prétend les régenter comme s'ils n'étaient qu'une quantité négligeable, un groupe parmi d'autres ? Comment ne pas sentir leur légitime colère et ne pas approuver leurs revendications face à des masse de gens qui viennent s'installer chez eux sans qu'ils aient leur mot à dire, surtout lorsque nombre de ces nouveaux arrivants hélas ne sont que trop prompts à imposer leurs usages et parfois à se livrer au crime ?

Ils m'ont ouvert les yeux sur un fait fort simple : il en va de leur pays comme de notre Ouaquanda, qui a le droit de rester une terre libre et autonome. Que dirions-nous si tout à coup venaient s'installer chez nous des millions de gens venus de loin pour profiter des ressources de notre pays ? Je sais que notre Ouaquanda est déjà suffisamment pauvre pour ne pas attirer les regards et les convoitises, mais s'il était riche comme nous le voudrions, et ce grâce aux efforts de ses habitants, il nous paraîtrait incongru de voir arriver comme un nuage de sauterelles les habitants de pays voisins ou lointains.

Je me suis rendu à leurs raisons. Il nous faut penser les terres et les hommes en nous mettant à leur place et non de notre seul point de vue égoïste. C'est alors que nous comprenons combien un peuple peu chérir sa terre autant que nous-mêmes chérissons la nôtre, combien un peuple peut être attaché à ce qu'il est autant que nous-mêmes voulons rester ce que nous sommes. C'est ainsi que j'ai décidé qu'il me fallait rentrer au Ouaquanda autant pour expliquer à nos frères que le salut ne viendra que de nous et qu'il n'y a aucune gloire à aller au-delà des mers se faire esclave dans un pays qui nous est étranger que pour leur faire comprendre les périls qui nous menacent si nous tentons de trop imiter l'Occident. Il paraît à l'usage que leur richesse et leur opulence que nous envions tant, et souvent à raison, ne peut aller sans tous les déséquilibres et folies que nous avons rencontrés. Tout se passe comme si des décennies de paix et de prospérité avaient provoqué une décadence morale qui se traduit par cette haine de soi et de la liberté qu'on trouve sous diverses formes. Les peuples trop nantis ne semblent plus vouloir vivre mais juste aller à la fin sans trop d'ennuis, à l'image de ces vieillards qu'espèrent plus que de vivre sans trouble jusqu'à s'éteindre sans douleur ni conscience. Il s'ensuit que leurs dernières énergies sont toutes entières consacrées à l'accueil de tout ce qui est autre et lointain en même temps que sont rejetées au plus loin toutes les responsabilités authentiquement politiques. De ce fardeau les nantis ne veulent plus, la vraie liberté leur est devenue odieuse. Le mensonge croît partout et leur tient lieu de précaire vérité car pour eux plus rien n'est vrai mais tout est changeant, pourvu que ce changement se fasse toujours dans le sens de plus d'autre et de moins de liberté.

Oui, j'ai décidé de ne pas rester plus longtemps dans ce pays et je vais bientôt faire le chemin inverse, retourner vers le Ouaquanda à la fois pour le développer et lui éviter les funestes dérives que j'ai constatées ici.

Lettre LXX

De Ousmane à Issa

Je te comprends mais ton projet me paraît par trop ambitieux. Je prétends à plus de réalisme. Tu sais que tout comme toi j'en suis venu à détester et mépriser le mensonge et l'absurdité que j'ai partout rencontrés ici, mais je ne puis me résoudre à retourner au Ouaquanda. Il y a bien trop à prendre ici. Je sais que nous ne pourrons sauver ces gens d'eux-mêmes et peut-être au fond méritent-ils leur sort. Ce n'est pas à moi d'en juger, et si Allah m'a mis sur le chemin de l'Occident c'est pour une bonne raison. Je vais donc continuer mon existence ici car j'ai appris à me mouvoir parmi ces gens et à leur dire ce qu'ils veulent entendre. J'ai d'ailleurs formé le projet de me rendre en Angleterre, pays dont on dit qu'il est bien plus favorable aux affaires, légales et illégales, que ne l'est la France. Je suis fatigué de leurs desseins à courte vue et de leur entre-soi qui tend à l'immobilisme. Dans ce pays, je l'ai compris, nul ne peut réussir quoi que ce soit s'il n'est déjà membre d'une coterie ou d'un sérail influent. L'homme énergique et entreprenant, s'il n'a pas l'heur de venir d'un milieu acceptable, finira par être repoussé même s'il réussit à briller quelques instants.

L'Angleterre est ma nouvelle terre promise et j'ai déjà pris les contacts nécessaires pour y passer. J'aimerais pouvoir te convaincre de faire comme moi mais je connais ta détermination une fois que tu as pris une décision.

Lettre LXXI

De Mamoudou à Issa

Le pire et le meilleur me sont arrivés en même temps et j'ai bien cru cette fois que je ne m'en sortirais pas indemne, mais Allah veille sur moi comme sur tous ses serviteurs.

J'avais eu bien raison de me méfier des nouvelles fréquentations de Rani. Il est vite devenu distant, méfiant, et plus faux qu'il ne l'était si cela est possible. Sa piété de façade est devenue toujours plus rigoureuse et j'ai vu son œil se faire dur et inspiré. Le changement ne pouvait qu'amener à de funestes choses connaissant son caractère emporté et prompt à la querelle violente. Le malheur n'a pas tardé à se manifester : sous l'emprise de je ne sais quelle impulsion il s'est jeté sur un passant avec un couteau et, prétendant agir au nom d'Allah, lui a infligé une blessure à la gorge. Il a été arrêté par la police et j'ai appris qu'il n'allait peut-être pas pouvoir être jugé comme tout un chacun car il est qualifié de déséquilibré irresponsable de ses actes. Il semble que personne ne sache ou ne souhaite faire le lien entre son acte et les prêcheurs peu modérés qu'il fréquentait. Il y a de fortes chances qu'il soit relâché dans peu de temps et je ne souhaite pas être présent quand cela se produira.

Heureusement la meilleure nouvelle depuis que je suis arrivé en France n'a pas tardée. J'ai reçu un message d'une association dont j'avais presque oublié qu'elle s'occupait de mon cas me disant que je venais enfin d'obtenir un titre de séjour ! Je peux donc désormais rester en France légalement sans avoir besoin de me marier, et je vais pouvoir toucher de nombreuses aides. Peut-être même pourrais-je envisager de ne jamais avoir à travailler. Cette annonce est pour moi comme une nouvelle naissance et je n'ai pas manqué d'en remercier Allah, mais aussi le dieu des chrétiens. J'ai même décidé de me rendre utile quelques temps pour rendre aux autres ce que le destin m'a donné et pour aider d'autres de nos frères africains qui arrivent tous les jours en France et s'y trouvent désorientés. C'est ainsi que j'ai rejoint l'association grâce à laquelle j'ai eu mes papiers ; je m'y consacre au bénévolat : le travail n'y est certes pas rémunéré mais il n'est pas trop difficile, et je suis nourri à volonté. J'y ai d'ailleurs fait la connaissance d'une autre de ces nombreuses femmes qui œuvres dans ce genre de congrégation. Elle s'appelle Nadine et elle aussi me parle de Bretagne en posant ses mains sur mes épaules.

Postface

Ici s'arrêtent les lettres de ces hommes dont le destin nous est depuis inconnu. Nul ne peut dire quel a été la suite de leur parcours, ballotés qu'ils sont comme nous tous dans le grand maelström qui bouleverse notre monde. Nul ne peut non plus prévoir le destin de nos peuples et de nos pays, dont il semble trop souvent que l'histoire se mette de plus en plus fâcheusement à ressembler aux derniers jours de Rome.

L'indéniable vitalité de ces gens qui veulent à tout prix prendre pied en occident contraste avec nos préoccupations futiles et sophistiquées qui témoignent de notre fatigue à vivre, de notre lassitude à défendre ce que nous sommes, de notre laisser-aller enfin. Nous n'avons pas seulement baissé les bras, mais nous avons laissé certains d'entre nous entraîner leurs semblables vers une détestation de nous-mêmes et une fascination pour l'autre.

Mais cet autre, comment ne pas l'admirer dans sa force de vie tout autant que dans sa sagesse élémentaire, dans son opportunisme quasi darwinien autant que dans sa ruse simple et efficace ? Nous dont le projet ne semble plus se résumer qu'à attendre la fin le plus confortablement possible tout en déléguant à l'autre, au grand Autre, le soin de régénérer nos sociétés, ne sommes-nous pas en définitive les responsables autant des espoirs caressés que des dommages portés par ces hordes qui ne songent qu'à s'installer chez nous ?

Quand bien même leur simple présence viendrait abolir ce qu'ils comptent trouver chez nous, tous ces gens ne seraient jamais découragés de venir, et pas plus que chaque goutte d'eau ne se sent responsable de l'inondation, nombre d'entre eux ne voit pas si loin que les effets à long terme de leurs désirs sur nos sociétés puissent leur apparaître. D'autres, et de plus en plus nombreux, prennent peu à peu conscience d'un dessein plus grand qu'ils assimilent à une conquête collective, en cela encouragés par nos repentances, sans pour autant comprendre qu'une fois installé dans le palais le barbare voit s'écouler comme une poignée de sable entre ses doigts l'or qu'il croyait fermement tenir enfin, et pour toujours.

Peut-être sommes nous tous emportés par le fleuve du temps, sans aucune prise sur les événements, et que nous n'en pouvons qu'être non pas les spectateurs mais les acteurs aussi isolés et sans poids que les atomes qui composent l'univers. Peut-être que tout nous échappe et que les grands mouvements se feront malgré nous, quels qu'ils soient. Il n'empêche que chacun d'entre nous doit continuer à porter la flamme.

Quant à ces hommes dont la parole nous est parvenue à travers ces quelques lettres, espérons qu'ils aient tous pu trouver la voie d'une vie meilleure, ici ou ailleurs. Et méditons les messages de sagesse qu'ils nous ont envoyés sur ce qu'ils sont et sur ce que nous sommes.

P.F.
Paris, avril 2022

Printed in Poland
by Amazon Fulfillment
Poland Sp. z o.o., Wrocław

18193256R00120